I coralli

© 2016 Giulio Einaudi editore s.p.a., Torino
www.einaudi.it

ISBN 978-88-06-23075-3

Roberto Vecchioni

La vita che si ama

Storie di felicità

Einaudi

La vita che si ama

*per Francesca,
Carolina, Arrigo,
Edoardo*

E-mail

La felicità non si definisce, c'è, c'è sempre, e non solo negli attimi che sconvolgono il cuore, ma nella consapevolezza sognante e progressiva dell'esserci e non subirla, la vita. Si annuncia a lampi accecanti e fuggitivi, ma poi è lí, nella pioggia estiva, sottile, che non ti copre, che vuoi prenderla tutta, testa al cielo. Il boato, il picco d'intensità, non è che uno sgraffio, e pare che bruci di sole, ma la felicità non è lí, sta nel silenzio che segue, nella lunga nota di quiete dove danzano punti di luce da afferrare e mettere insieme, a farne figure.

E allora non basta che accada, dobbiamo anche farla accadere e saperla cogliere dove s'acquatta, nella tristezza come presagio di un altro orizzonte, e soprattutto nella gioia che non si appunta all'anima, ma scivola e scivola: e allora tirarla, fletterla come un elastico perché si allarghi, quella gioia, si estenda di qua e di là, perché non diventi, appena passata, solo un ricordo.

La serenità è un'altra storia. È un'imitazione scadente, una polvere aerea, un effetto placebo che confina pericolosamente con la noia.

Difficile scoprirla tra le risate e i sorrisi: quelli sono troppo spesso le bugie della felicità.

È l'euforia la grande ingannatrice: traduce un brivido casuale, occasionale, nella dimostrazione definitiva di un teorema: ma la felicità non è un teorema, non è un angolo acuto della vita, una bisettrice, un cerchio, o la quadratura del cerchio. La felicità è la geometria stessa.

Gli entusiasmi inutili sono sbronze dell'anima e il giorno dopo lasciano secchi e aridi, con la bocca impastata di sete. Ma gli entusiasmi veri, che meraviglia: da strapparsi la pelle, da urlare a squarciagola spruzzandosi d'oceano: non c'è confine alla gioia dichiarata.

Mentiva Epicuro. Non si è felici nell'imperturbabilità, ma nell'attraversamento del vento e della tempesta.

Quando non c'è tocca immaginarla. Non è facile, perché bisogna impararlo, questo immaginare, e quando è giusto e quando è troppo e quando il cuore a metà del mosaico perde un pezzo e rinuncia, o dal castello cade una carta e si deve ricominciare tutto da capo.

Immaginare è una scienza, non un percorso a casaccio, non un frullare utopie, è prevenire il possibile e intuirne la bellezza futura come fosse già lí, viva, un segreto svelato.

Lei, la felicità, non ha trucchi né inganni, corre là parallela a noi nel bosco e s'intravede (o si sente, perché canta) negli intervalli tra un albero e l'altro, sí, s'intravede dalla pianura interminabile dove corriamo, sempre la stessa a perdita d'occhio, fino a nessun orizzonte. Bisogna affrettarsi se accelera, rallentare se si prende una pausa, non farsela sfuggire un attimo a costo di perdere l'orientamento e il fiato: non mollarla finché non si apre uno spiraglio per coglierla impreparata e balzarle addosso che meno se lo aspetta.

Mohammed el-Magrebi vide una notte in sogno un uomo che si toglieva dalla bocca una moneta d'oro e gli diceva: «La tua fortuna è in Persia, a Esfahān: va' a cercarla».

L'indomani si svegliò all'alba e intraprese il lungo viaggio e affrontò i pericoli dei deserti, delle navi, dei pirati, degli idolatri, dei fiumi, delle belve e degli uomini. Giunse infine a Esfahān e si rifugiò a dormire nella Moschea. Di notte arrivarono dei ladri ma alle grida dei vicini accorse il capitano delle guardie e i banditi fuggirono. Il capitano fece perquisire la Moschea, trovarono Mohammed e lo riempirono di bastonate.

Quando riprese i sensi in carcere, il capitano gli chiese: «Chi sei? Da dove vieni?» E lui dichiarò: «Sono dell'illustre città del Cairo e mi chiamo Mohammed el-Magrebi». Il capitano gli domandò: «Perché sei venuto in Persia?» e lui spiegò: «Un uomo in sogno mi ha ordinato di venire a Esfahān perché qui era la mia fortuna. Bella fortuna, visto che mi avete riempito di botte!»

Il capitano rise a crepapelle e gli disse: «Uomo scellerato e credulone, io in persona tre volte ho sognato di una casa nella città del Cairo in fondo alla quale c'è un giardino, e nel giardino una meridiana e dopo una meridiana un fico e dopo il fico una fontana e sotto la fontana un tesoro. Non ho mai creduto a una simile fandonia. Non farti rivedere mai piú a Esfahān. Prendi queste monete e vattene».

L'uomo tornò stanco in patria. Arrivò a casa sua, raggiunse il giardino, andò oltre la meridiana, oltre il fico e sotto la fontana. Ed era lí.

Perché la felicità è lí, a portata di mano, lí che non dobbiamo nemmeno farci chissà quali viaggi con la mente o frustarci l'anima per essere piú in là, guardare il mondo dall'alto, metterci sopra le mani per crederci padroni. E a volte serve un capitano che raddrizzi un sogno ingannevole.

Si è padroni quando si assomiglia alle persone, alle cose intorno, quelle che s'incontrano nella stessa insopportabile pianura dove stiamo correndo con la felicità a fianco che s'intravede tra gli alberi.

Non ho scritto questo libro *su di voi*, ma *per voi*. Io la felicità l'ho sentita sempre a fianco, quando siete nati in modo catastrofico uno a uno, quando ho pensato di perdere e poi ho ritrovato, ho perso e poi ancora ritrovato, vostra madre, l'unico vero amore della mia vita: ed era lí, la felicità, anche quando Dodi è stato segnato per sempre dall'ombra nera di una risonanza, anche quando Arrigo parlava con le paure o giocava a misurarsi con Einstein, Beethoven. Anche quando si è fermato per il troppo battere il cuore di mia madre. Ed era accanto a me quando mi ha raccontato la favola delle rose blu e non mi ha mai concesso il tempo di un piangere vano, disperato, ma sommesso e segreto.

«Che nessuno veda, che nessuno sappia, che a te ci penso io».

Ed è tutto. Già troppo per un'e-mail a distanza di tanti anni. E non avervelo nemmeno mai detto… Ma io sono partito per un viaggio dal primo giorno e con la vita ho incominciato questo nostro gioco di riempire le valigie della memoria. Ed è stato piú forte di me, non potevo fermarmi. Vi ho fatto anche salire su questo treno, o forse siete voi che avete fatto salire me.

Hanno tentato in tanti d'insegnarmi, spiegarmi, fermarmi, cambiarmi, perfino di usarmi.

«Torna qui, Roberto, scendi, la vita è un'altra cosa», ma si vede che io la vita non la conosco.

So solo lontanamente vivere.

per Dodi

*Vedi, darti la vita in cambio
sarebbe troppo facile,
tanto la vita è tua
e quando ti gira
la puoi riprendere;
io,
posso darti chi sono,
sono stato o chi sarò,
per quello che tu sai,
e quello che io so.*

*Io ti darò
tutto quello che ho sognato,
tutto quello che ho cantato,
tutto quello che ho perduto,
tutto quello che ho vissuto,
tutto quello che vivrò,
e ti darò
ogni alba, ogni tramonto
il suo viso in quel momento
il silenzio della sera
e mio padre che tornava
io ti darò.*

*Io ti darò
il mio primo giorno a scuola
l'aquilone che volava
il suo bacio che iniziava
il suo bacio che moriva
io ti darò,
e ancora sai,
le vigilie di Natale
quando bigi e ti va male,
le risate degli amici,
gli anni, quelli piú felici
io ti darò.*

*Io ti darò
tutti i giorni che ho alzato
i pugni al cielo
e ti ho pregato, Signore,
bestemmiandoti perché non ti vedevo,
e ti darò
la dolcezza infinita di mia madre,
di mia madre finita al volo
nel silenzio di un passero che cade,
e ti darò la gioia delle notti
passate con il cuore in gola,
quando riuscivo finalmente
a far ridere o piangere una parola…*

*Vedi,
darti solo la vita
sarebbe troppo facile
perché la vita è niente
senza quello che hai da vivere;*

e allora,
fa' che non l'abbia vissuta
neanche un po',
per quello che tu sai,
e quello che io so.

Fa' che io sia un vigliacco e un assassino,
un anonimo cretino,
una pianta, un verme, un fiato
dentro un flauto che è sfiatato
e cosí sarò,
cosí sarò,
non avrò mai visto il mare
non avrò fatto l'amore,
scritto niente sui miei fogli,
visto nascere i miei figli
che non avrò.

Dimenticherò
quante volte ho creduto
e ho amato, sai,
come se non avessi mai creduto
come se non avessi amato mai,
mi perderò
in una notte d'estate
che non ci sono piú stelle,
in una notte di pioggia sottile
che non potrà bagnare la mia pelle,
e non saprò sentire la bellezza
che ti mette nel cuore la poesia
perché questa vita adesso, quella vita
non è piú la mia.

*Ma tu dammi in cambio le sue rose blu
fagliele rifiorire le sue rose blu
Tu ridagli indietro
le sue rose blu.*

(*Le rose blu*, 2007)

Vostra madre

Forse avrei potuto conoscerla che eravamo su due altalene, io piú grande, lei piccina, in un parco, in un qualunque giardino, nel disturbo di altri bambini chiamati a tirar di pallone, a litigare per un secchiello, a gridare: «Mamma, mi ha dato uno schiaffo». E lei saliva, saliva sempre piú su, cosí in alto che mi chiedevo: «Ma quella dove vuole arrivare? In cielo?» e avrei capito che sí, che proprio in cielo voleva arrivare. Io no, io mi spingevo come mi spingo sempre, ché voglio sapere che sotto di me c'è la terra. Avrei potuto chiederle: «Ma come fai? Io a malapena vado su e giú, e sí, hai ragione, me la faccio un po' sotto». «Si fa cosí, – mi avrebbe detto in quel sorriso, in quel suo muovere di labbra che cosí piccolo già sognavo un bacio, – si fa cosí». E avrebbe continuato ad andar su fin quasi a rivoltarsi, perché un'altalena è fatta per il cielo. A quel punto avrei potuto proporle una caramella, delle mie spiaccicate in tasca.
 O forse avrei potuto incontrarla a dodici anni, già donna, già incanto, una primavera di passi e sorrisi ignara di trascinare i sensi e il cuore, e io che cantavo allora i miei vent'anni, io che manco sapevo l'amore, l'avrei seguita da lontano mentre con i libri sottobraccio lasciava la scuola, e l'avrei sognata come una figlia o come una piccola intuizione nel mio silenzio, ma comunque una gioia degli occhi e non oltre, non oltre.

O forse avrei potuto conoscerla a diciott'anni, una delle mie studentesse. Sarebbe venuta cento volte a chiedermi: «Come si legge, come s'interpreta questo passo?» Si sarebbe seduta accavallando le gambe che ero già perso, fatto a pezzi al pensiero di accarezzargliele, quelle gambe, e la paura di fissarli, quegli occhi neri, per non morirci dietro che non era tempo, non era il momento. E l'avrei guardata alzarsi e andare via dall'aula, cioè dalla mia vita, scivolando leggera, e lasciando un profumo chissà se di resa o di battaglia.

O l'avrei potuta conoscere a quarant'anni, fiera come una tigre davanti a quella tenda rossa, fuori dalla Rai, contro il potere, le nuvole, i mulini a vento, a convocare folle, a presidiare sogni in un mondo alla rovescia. Sarei andato lí a cantare per quelli come lei sotto la neve di dicembre e le avrei detto: «Se vuoi resto». «Tu fai il turno di veglia stanotte», mi avrebbe risposto, e figurarsi se stavo a dirle di no. «Lasciala perdere, – mi avrebbe consigliato Il Rosso che mi faceva compagnia, – quella è una tosta, mica puoi farla fessa come ti pare». Ma Il Rosso era fatto di grappa e di spinelli. Io l'avrei capito, che lei era cosí e basta, e non me ne fregava niente. Avrei solo aspettato che tornasse all'alba, che mi ero fatto cinque ore di deliri leninisti del Rosso per poterla rivedere stanca, di una bellezza che le usciva dalla pelle, solo per dirle: «Possiamo fare il prossimo turno insieme?» o forse, esagerando: «Possiamo fare ogni turno insieme?»

O avrei potuto incontrarla a sessant'anni, seduto al bancone di un bar, le mani sulla testa, dietro a chissà quale canzone, lí a cercare con gli occhi un tavolino, davanti a un caffè annacquato. E forse avrei avuto il coraggio di dirle: «Posso? Non c'è altro posto, mi scusi, non le darò fastidio». E non avrebbe detto una parola, una sola, ma nel suo viso tempestato, nelle rughe volute dal tempo, avrei colto in silenzio, con grande disagio, il suo dolore di cose afferrate e perdute, tentate, affrontate a testa bassa e mai battute: avrei colto nell'imbarazzo di starle davanti le delusioni, la rabbia, la vigliaccheria di un mondo al contrario di lei; e avrei pensato a qualcuno che avevo tanto amato e che se n'era andato, qualcuno come lei, a immagine sua nella ricerca del vero, nella splendida educazione al vero.

E le avrei toccato distrattamente le dita e forse saremmo andati fuori a godercela, questa Milano che nessuno sa, nessuno conosce, tutti parlano a vanvera.

O forse avrei potuto incontrarla a novant'anni, che ero lí con lei in una di quelle case di riposo per cosiddetti anziani. L'avrei certamente notata, perché non avrebbe smesso un attimo d'impartire direttive, contestare ordini, comandare variazioni. «Il televisore va dall'altra parte, quel mobile qui non serve, mettiamolo là, ma insomma non capisce che vogliamo mangiare piú tardi?» Avrei cercato di approfittare di un momento favorevole. Perché era bella, perché la sua bellezza m'incantava come un incontro mai incontrato. Perché, insomma, quella donna dovevo conoscerla.

Certo, ero lí perché rincoglionito dall'Alzheimer, capita: a furia di ricordarmi di vivere, vivevo senza ricordi.

«Posso sedermi?» le avrei chiesto, mentre su un foglio stava cambiando la sistemazione degli ospiti nelle camere, che a noi sinceramente sembrava stessimo bene lí dov'eravamo. «Posso sedermi?» Sarebbe stato come all'ultimo sole, sarebbe stato come dirle, come confessarle, che le avrei dato tutta la vita, a lei, vostra madre. E mi riducevo a quel punto.

«Scusi, – avrei esordito, – ma non ci siamo già visti da qualche parte?»

«Non mi pare proprio, – avrebbe risposto. – Ma c'è tempo».

La Casa

E mentre venivo giú a strappi e, stracchete-stracchete, prendendo in faccia rami e rametti, altri trascinandomeli infilati qua e là che spuntavano aghi verdi tutt'intorno, e sentivo ferite alle braccia, ai fianchi, e rinculi col collo, realizzavo terrorizzato che prima o poi rami e rametti sarebbero finiti e io sarei precipitato a terra in qualche modo. E tonfai. «Beh, in fondo non mi sono fatto 'sto gran male», pensai, impugnando ancora per la cima quello stupido filo elettrico di venti metri con le sue duecentodiciassette candeline scoppiate. Era la prima volta che mi capitava da anni, da quando avevo cominciato a salire su Pino (maiuscolo, che cosí si chiamava l'albero), immancabilmente ogni 22 dicembre, perché Pino se lo aspettava, un Natale con duecentodiciassette luci intorno.

Cosí, sdraiato sulla schiena, allargai le braccia; provai ad alzarmi, ma non ci riuscii. Riprovai con accorta lentezza e mille accorgimenti: e niente, anzi peggio.

Respirai a fondo dicendomi che non era nulla e poi che forse un po' sí, e poi che, cazzo, non sentivo il suolo sotto, né a destra né a sinistra, e vedevo solo cielo, là in alto, azzurrissimo, fermo, una diapositiva, e anche strafottente. Mi dissi assurdamente che proprio cosí doveva essersi sentito il principe Bolkonskij ferito ad Austerlitz: cielo e memorie, nonché rimorsi, e immaginai pure l'ombra di Napoleone passarmi accanto e sfiorarmi la faccia.

Ma non era Napoleone, era Paco. Chissà perché i cani si mettono sempre a leccarti quando non è proprio il caso: i piedi mentre fai l'amore, le dita se sei al cellulare con un vescovo. Ma Paco non era un cane, Paco era Paco, un Amundsen al Polo, un Caboto nella tempesta; Paco costruiva ponti e gallerie, conosceva gli sparigli a scopa, distingueva Tiziano Ferro da Chopin, leggeva nel pensiero. Non ci fu neppure bisogno che gli dicessi qualcosa, che poi di voce manco ne avevo; cominciò a scavarmi sotto con quel suo muso da bisonte, piantato a quattro zampe nella neve che pareva un argano, e con un solo colpo mi rivoltò e finii a faccia in giú. Che poi la situazione non è che fosse cambiata di tanto, ma adesso avevo le braccia contro la terra, pronte a far forza, e dài e dài mi alzai, mi rimisi in piedi.

Lui, che pensava fosse un gioco, provò a farmi cadere di nuovo, e sarebbe stata la catastrofe, ma bastò un cenno. S'arrestò e s'acquattò, occhi a fulminare i miei, ad aspettare.

Perché Paco aspettava. Aspettava sul cancello che i bambini tornassero da scuola; aspettava un mio segnale a pelo ritto se c'era intorno un pericolo; aspettava davanti al letto di Daria, quando partivo per cantare e la lasciavo sola. – Stai qui, non muoverti finché non torno –. E lui stava lí. Mica si accucciava a sonnecchiare, mica gironzolava per i fatti suoi o andava a saccheggiare il bidone della spazzatura. Spazzatura? Lui? Lui solo galline e impallinate nel culo.

Arrivò che aveva tre mesi. E subito si era fiondato nella piscinetta, giudicando poco avventurose piante e siepi: quella roba là, tutta quell'acqua, mica capitava a tutti i cani, vediamo se riesco a camminarci su.

Perché quella doveva essere la Casa anche per lui, come per tutti noi, e la Casa non è un posto, non è un tempo, è un'idea.

La Casa sorgeva su quel ramo del lago di Garda che

non volge né a mezzogiorno né a mezzanotte, perché saranno le altre case a volgere da qualche parte, lei no, lei era il centro e il sole.

La prima volta che la vedemmo, di notte, abbandonata al fondo di un sentiero di sabbia e sassi, capimmo, io e Daria, che ce l'avevamo avuta dentro da sempre, e proprio cosí: sghimbescia, ragnesca, brutta da far spavento, senza un ramo di edera intorno o una finestra che guardasse le colline, circondata da scale e scalette che dall'esterno portavano a usci improbabili su balconi di un kitsch geniale, e poi tetti cupi, camini inesistenti. Ma piú ancora ci colpí la sua stravaganza: la Casa era in realtà due case a specchio una dell'altra, a formare un otto quadrato o se vogliamo due rombi appiccicati per uno spigolo, parto della mente di un geometra matto.

E cosí fracassammo in quella notte dell'86 una tavola che se la tirava da persiana ed entrammo. Ma c'era poco da vedere: dentro era come fuori, se non peggio. Si passava da un rombo all'altro su e giú per tornare alla partenza.

Però non fiatavamo. Però inconsciamente ci tenevamo la mano.

Gliel'avrei chiesto tante volte, dopo, a Daria: ma cosa ci ha preso, cosa cazzo ci ha preso a tutti e due quella sera?

Ma lo sapevamo. Una casa è la tua Casa perché ti vuole, ti rassomiglia, ti attende da un deserto di troppe strade anonime, di giri a vuoto intorno a ciò che sfiori, credi tuo e sfugge. Un deserto di già fatto, già detto, già a posto cosí, e guai a cambiare, stai in fila, in cerchio, non deviare, abbozza, convinciti, arrenditi.

Ma la Casa no. La Casa, l'avevamo capito subito noi due, non ce la dava nessuno già bell'e fatta e nemmeno precisa precisa a come l'avremmo voluta. La Casa era noi come allora ci sentivamo dentro, informe, insoddisfatta,

anonima, nascente; leggevamo in lei chi eravamo, uno spazio riconosciuto che chiedeva di aprirsi: «Non voglio restare cosí, dovete fare qualcosa, e pure voi non potete restare cosí». Era una partenza, un viaggio comune; rifarla sarebbe stato come cambiarci, perché eravamo già, come lei, chi volevamo essere. E la sentimmo attorno, quasi un piccolo universo a circondarci d'intonaci cadenti.
  Certo che facemmo l'amore, lí, subito, e lo facemmo perfino fuori, sul balcone, tanto non c'era anima viva. Ricordo come fosse ora che la vidi alzarsi ritta su quel suo corpo che era una geografia di sfumature collinari, chiusi gli occhi per vedere e sognare insieme; all'improvviso lanciò un piccolo urlo e si voltò ridendo con la mano sulla bocca:
  – Ma... c'è un giardino immenso, troppo, troppo grande... Come faremo? Ce la facciamo a tenerlo tutto?
  In realtà non potevamo farcela, mica son tutti ricchi i cantautori.
  – Ma chi se ne frega, – rise ancora, e poi: – Alzati, su, alzati, guarda un po' là...
  Io guardai, ma «un po' là» e anche un po' piú in là non si vedeva niente, buio, qualche alta cima agitata dal vento e il nulla.
  – Alberi? Alberi cosí alti proprio davanti al lago? – e risi anch'io. Era l'unica Casa del Garda da cui non si vedeva il lago. Una chicca, un assurdo, e anche un po' una sfiga.
  Ma in un certo senso un altro segno di quella notte. Non ce lo dovevano regalare, dovevamo imparare a vederlo noi, il lago.

La Casa manifestò quasi subito di essere poco seria. Qualche figlio se lo trovò già fatto, altri vennero a ruota e incominciarono ad assomigliarle anche troppo. Demolite le scalinate a ragno, coperto di edera ogni muro, lasciati liberi i fiori di fiorire, cominciò ad aleggiare su creature viventi e non viventi un onirico senso di anarchia. La Casa mal sopportava regimi e regole, e qualcuno le insegnò a giocare. Ma quello, l'irresponsabile che giocava, non ne aveva quasi colpa: inventava, coltivava le finzioni, scovava gli sbocchi al già visto, stupiva di giorno e di notte, agitava le ali, volitava sul dolore, sulle paure, e allora non c'era dolore, non c'era mai stata paura. Tutto quel che veniva da fuori, dispute, scazzi, intrusioni del mondo, fuori restava; lí, nella Casa, bisognava ridere, bisognava stringersi, sognare gli stessi sogni, camminare su parole acrobatiche. Ma non ero io, era la Casa a volerlo. E la Casa, poco alla volta, li uní tutti e quattro i miei ragazzi, che ancor oggi non li dividi uno dall'altro nemmeno sotto tortura.

Venne loro naturale un codice di ammiccamento, segni aerei per capirsi al volo, prendere la scena a turno, ma difendersi e amarsi in modo esclusivo; e furono giorni leggeri e docili da portare, per sentirne la bellezza e la gioia di comunicarla, decifrarla chi piú chi meno a modo suo.

Su tutto l'ironia, perché la Casa cosí voleva. Mai violenza e derisione gratuita, comicità piuttosto, e uno sguardo agli anfratti remoti dell'esistenza, restaurati come da archeologi; entusiasmi infettivi per ogni novità, scambi di scoperte, disposizione all'iperbole, alla passione bruciante, anche a breve gittata.

E nella Casa, due erano i momenti topici: il «Circo Veccioni» e la «schifezzata cosmica». Ce n'era certo anche un terzo, ma tutto mio e sacro: le luminarie di Natale, appunto.

Il «Circo Veccioni» e non «Vecchioni», come volle l'errore di Francesca sulla scritta del festone inaugurale. Fu un gran giorno. Erano venuti da ogni dove amici, parenti, persone care; totalmente esclusi i muti d'accento e di pensier.

Daria e io preparavamo da settimane gli sketch. Imitavamo le coppie di amici truccandoci alla grande, ricoprendo indifferentemente ruoli maschili e femminili. Li prendevamo in giro senza risparmiargli niente, il peggio di Plauto e Totò.

I ragazzi si buttavano sul gioco della verità, componevano ed eseguivano canzonette sconce, organizzavano all'impronta spogliarelli di avvocati e dottoresse con paletta e voto finale. Francesca era l'acrobata: volteggiava su mobili e divani con lucida follia; perché folle era sempre stata se a sei anni si tuffava in una pozza da un albero di sei metri, a sette rotolava giú dagli scivoli della morte all'acquapark e a otto guidava come Hamilton. Carolina tutto l'inverso, disegnava ritratti all'istante e recitava poesie sulla mamma e le nonne tra avvocati e dottoresse seminude in lacrime. La tenevamo sempre per ultima, perché era troppo tenera, e cosí tutti se ne andavano via mazziati e commossi. Ma il vero protagonista era Arrigo, maschera comica e tragica intercambiabile, era lui a cucire un numero e l'altro passando negli intervalli con i cartelli-annuncio, a palleggiare quattro, cinque arance assieme senza lasciarne cadere una, a deambulare con una scopa in testa che non si spostava di un centimetro. Vestito da clown, il riso che nasconde una stretta al cuore, quasi una premonizione.

La «schifezzata cosmica» era un'altra storia, roba per palati fini, ed era privata, assolutamente vietata a qualsiasi estraneo, *tota nostra*.

Cominciava già la sera prima con le cerimonie dell'«affissione»; ognuno di noi sei appuntava alla credenza in cucina l'elenco delle porcherie che piú porcherie non si può, vietate e messe al bando da ogni famiglia normale, che si sarebbe procurato il giorno dopo per mangiarle, crude o cotte che fossero, al momento clou. Non esistevano limiti di genere e quantità; tutte le nutelle, patatelle, bomboncelle erano consentite e riverite, liquirizie, popcorn, mini e maxi burger, torroni, Coca-Cola a imbuto, merendine al ribes, al latte rancido, qualsiasi rimanenza da supermarket, roba da infarto materno, era rigorosamente permessa, anzi, obbligatoria. Per me Sacher intere, cassuole, zampone a cubetti, Bordeaux (altri tempi) da farci un leasing e bottiglie di Perrier che si digerisce un rospo vivo.

Il giorno dopo tutti fuori a cercare due cassette da vedere la sera sbracati in un solo letto (mio e di Daria), a parte Dodi che si presentava in camera già un'ora prima tirandosi dietro il suo tappetino, e che si sdraiava sul pavimento a un palmo dallo schermo. Il primo film filava via fra sgranocchiate convulse ma dignitose e pochi salaci commenti. Alla seconda cassetta si scatenava il pandemonio: chi parlava dei cazzi suoi, chi di quelli degli altri, chi sciorinava un repertorio da Heidi ai Take That, chi rubava agli altri noccioline, o tirava noccioline, chi mollava involucri, carte e avanzi sul pavimento, chi ruttava, chi spernacchiava, fino a che Daria prendeva su e se ne andava a dormire altrove.

E questo era il segnale del «rompete le righe»: non esisteva time out o arimortis.

Nessuno, dico nessuno, potrà mai minimamente immaginare la sacralità di quell'happening in apparenza assurdo, ma perfetto e preciso come un orologio fermo: era, ora lo so, pura *dramologia*, un rito di continuo passaggio, una festa di primavera, un recitar a soggetto, un incrociarsi di peccato e perdono, saggezza e stupidità, fra la passione e la buffonata di vivere.

Era questo la schifezzata cosmica. Era questa la felicità.

La luminaria di dicembre era cosa mia. E lo sapevano bene tutti: si alzavano la mattina presto e poi fuori tutto il giorno, chi qua chi là ma fuori, via dalla Casa, coprifuoco fino a mezzanotte e che non venisse in mente a nessuno per nessun motivo di farsi vedere.

Perché la luminaria di dicembre è un mistero esclusivo che se non c'è lo sciamano giusto rischia di precipitare in farsa. Che poi uno si chiede: che sarà mai? Qualche metro di filo, due lampadine, e che, ci vuole Edison? No, ci vuole Dante, va bene anche un Corazzini d'accatto ma comunque ci vuole, dietro, un poeta. Le lampadine non sono tutte uguali: una cosa sono le cicaline, altra i punti a spillo; diverse ancora le lucciole, da dividere tra intermittenti e non, i folgorini e le minicandele, a cui aggiungere i serpenti da sottotetto, e i tubi fluorescenti che friggono di luce. E poi mettici Pino, cioè l'albero che ormai scalavo a memoria con a tracolla palle blu e argento che ognuna ci aveva il suo nome, ci aveva, e mi chiedeva il suo senso, il suo posto assegnato da anni, e guai a spostarle da lí.

Tre sono le regole di collocazione: intensità, posizione, colore. Due le disposizioni: contiguità o alternanza. Quindi sfumare a scendere o salire, o, dove il luogo è piú intimo, l'*allofotia*, quell'evitare con sapienza troppi grumi di bianchi stagnanti o peggio di rossi intruppati in un metro, tanto per fare colpo.

Il volgo fantastica che piú luci ci sono, piú magico è l'effetto. Errore madornale: non è l'ammasso o la quantità a fare la bellezza, ma l'armonia. Le luci evocano, una luminaria di Natale non è un bordello cinese. Le luci non urlano, sussurrano, perché carezzano la Casa, e la Casa fa festa, e tu che sei lí sotto la neve, dolce ma un po' rompicoglioni, la senti, la sua festa.

I cordoni – metri e metri – devono essere lisci e asciutti; i cavi e i trasformatori racchiusi in plastica antipioggia e antineve, per poi essere collegati in triplice filo di ottanta metri per coprire tutta una staccionata e quella a fianco.

Non avevo allora telecomandi, mancavano del tutto prese esterne, e mi muovevo a incastri di prolunghe in altre prolunghe per convogliarle – attraverso una fessura nella lavanderia – a un'unica centralina, che ne era il cuore, il terminale: quindici spine in cinque ciabatte e tre accensioni indipendenti, avanti e indietro a pigiare off e on. Oh capitava, certo capitava a volte che, mentre calavo dal tetto un ombrello di lucciole, si fulminavano, e buttavo via tutto e ricominciavo da capo. Capitava, oh se capitava, che un ramo si spezzasse e non ci fosse piú appiglio, o di accorgermi di aver messo su luci che da lontano non si vedevano, o che, peggio, stridessero i colori, e allora staccavo la spina e tornavo indietro e riempivo di giallo quello che era stato blu, di viola il bianco. Ma piú mi avvicinavo alla fine piú avvertivo che stavo ringraziando qualcosa, nemmeno sapevo cosa, forse i figli, forse la vita stessa, e Daria, soprattutto, che era la Casa. E alla fine mi buttavo a terra, esausto, e pensavo comunque a lei, che della Casa era l'anima, il rimprovero, l'intelligenza e la bellezza. Lei, unica e insostituibile in quella masnada di pazzi, che teneva tutti per mano e a tutti si dava senza chiedere. E mi dicevo: «Se lei non ci fosse non sarei chi sono, non mi potrei permettere chi sono. E se n'è andato un anno e io insieme a lui, in quel tempo verticale che a poco a poco ne sento la stanchezza, anzi non la sento affatto».

Io e la Casa, quasi in una resa dei conti, un O.K. Corral a chi dei due era piú ragazzo, piú simile all'altro, in quella splendida imbecillità d'illuminarla.

Quando tutto mi sembrava al suo posto, compiuto, dato che lí da vicino non avevo la minima idea dell'effetto finale, aprivo il cancello, risalivo il sentiero fino alla provinciale senza mai voltarmi, che non scomparisse tutto come a Orfeo. Ma una volta lassú mi voltavo eccome, con le mani sugli occhi come per farmi una sorpresa. Aspettavo dieci, venti secondi, poi staccavo le dita e m'investiva lo sfolgorio, un incendio luminoso cento metri piú in giú, ed era come sentirne la vampa, il calore, mi rannicchiavo nei colori come in istanti di qualche ricordo, e pensavo, dentro di me: «Ce l'abbiamo fatta, Casa, anche stavolta ce l'abbiamo fatta».

Quel Natale, o un altro, che poi si mischia tutto, fu l'anno dei Babbi Natale. Dodi non c'era ancora, e Arri, Francesca e Caro non stavano nella pelle. Daria mi aveva cucito l'abito rosso e comprato parrucca e barba bianche, perché insomma «questi qui, se non lo vedono, non ci credono». Fatto sta che Daria li sveglia alle sette, li porta sotto l'albero ma qui sta il trucco, sotto l'albero nemmeno un pacco. Stupore, delusione, ma ecco che bussano alla porta ed entro io, rosso e grasso, con la pancia gonfia di cuscini e un enorme sacco sulle spalle.

Devo dire che ero piuttosto scettico, pensavo che mi avrebbero riconosciuto subito. Ma Daria aveva ragione:
– Dài retta a me, i bambini vedono quello che vogliono vedere –. Tutto andò alla perfezione. I bambini non ebbero nemmeno il tempo, estasiati com'erano, di chiedersi dov'erano i regali che ecco lí, davanti a loro, il vecchio curvo e zoppicante Babbo Natale gli rivolta il sacco lasciando rotolare sul pavimento i giocattoli. Restano sciocchati, a bocca aperta, quasi non guardano i pacchi. Non riescono a staccarmi gli occhi di dosso, come paralizzati. Allora

parlo, con voce grave e stanca, come si addice a un idiota che a cento e piú anni se ne va in giro con un sacco di renne a dribblare i fusi orari.

– E allora, – dico, – siete stati buoni o no? Pensavate che Babbo Natale non si ricordasse di voi?

Fu il segnale. Con tre urli trionfali Arri, Caro e Fra (che sapeva, ma chi se ne frega) si gettarono sui pacchi a strappare, scartare, lacerare con la frenesia cieca di tutti i bambini.

In quel preciso momento accadde l'impensabile. Sulla porta a vetri alle loro spalle, non vista, si stagliò una figura massiccia, corpulenta, vestita di verde. Io la vidi e con ogni fibra dell'intelletto sperai che si trattasse di un'allucinazione. Ma non lo era. Era invece il Babbo Natale piú impresentabile da Walt Disney in poi. Era Mauro, Mauro Orlando, il filosofo, lo zio, che in gran segreto si era fatto questa bella pensata di stupire i bambini con un colpo di teatro. Adesso ci trovavamo uno di fronte all'altro senza sapere come e soprattutto chi avrebbe spiegato ai ragazzi quest'abbondanza. Loro sgranavano occhi increduli: guardavano me, poi lui, poi me, poi lui, non ci capivano piú niente.

– Ma... – balbettò Carolina.

– Chi è, un altro Babbo Natale? – singultò Arrigo.

Cialtroni eravamo, io e Mauro, e cialtroni siamo rimasti. A quelli come noi basta un'occhiata d'intesa.

– Io sono il babbo Natale del Polo Nord, – risposi, fissando l'impassibile filosofo, – e lui quello del Polo Sud.

– Cos'è il pollosud? – balbettò Arri sotto i boccoli biondi scompigliati.

– Polo, non pollo. È dove lui ha la casa tra i ghiacci e di solito là se ne sta e – sottovoce – dovrebbe starsene.

– E perché è qui? Non basti tu, quello del pollonord?

– Sí, ma quest'anno c'era troppo da fare e ci siamo messi insieme.
E credevo di averla sfangata, ma mica era cosí facile. Un bambino sopporta una finzione, ma una doppia finzione incrina il sogno.
– Ma... ma... – riprendeva Caro, – a me sembra di conoscerlo...
– È vero, – gridai strappando al filosofo la barba e il cappello, – lui è lo zio Mauro. Ma l'avete mai visto un Babbo Natale vestito di verde?
– E perché è venuto?
Mauro sollevò Arri e se lo mise in braccio:
– Perché avevo paura che il Babbo Natale vero non sarebbe arrivato, che non l'avreste incontrato, – disse. – E allora, – rivolgendosi a me e Daria, – mi sono messo su questa bella giacchetta verde per far piacere a vossia, – e poi verso i bambini: – ma poi in fondo chi ce li ha due Babbi Natale? Quanti bambini in tutto il mondo?
E cosí cominciarono a ridere, a fargli il solletico, a strappargli i bottoni a uno a uno, a buttarsi sui pacchi insieme a lui. Di me non gli importava piú niente, perché di Babbi Natale veri è pieno il mondo. Sono quelli finti che contano di piú.

La Casa anche questo era: un ritrovo, un saltuario convegno di amici mascherati e di folli illuminati che chiudevano le porte e si travestivano per carnevali infantili dell'anima.
La Casa era Carlin Petrini, che arrivava con tutta la banda da Bra, completa di Barolo e salami cotti, e si accampava a cazzeggiare. Ed era quando ci scapicollavamo in giro io e Carlin, lui impeccabile in completo blu, io al

suo fianco, a fingerci commissario e appuntato. Lei cosa fa qui? Appuntato, guardi se è segnalato, – e io col walkie-talkie di mio figlio a chiamare la centrale, e poi: – Per oggi se la scampa, ma stia all'occhio! –, che a ricordarglielo ora a Carlin, che è uno straordinario combattente, ride, ride come un matto.

E la Casa era l'indescrivibile processione sacra di Azio e Giovanni, uno a forma di statua di madonna, l'altro a fingere di spostare il popolo, la gente al passaggio. Era De Maria, era Bonvi, erano i fumettisti, i cantastorie, e pure i poeti sfigati, gli ultimi, i pittori del niente, quelli che buttavano sogni là perché gli bastava quello, buttarli da qualche parte.

La Casa erano i miei ragazzi del ginnasio che per paura della maturità correvano da me, strizza al culo, per farsi spiegare Euripide. Non ci capivano niente il primo giorno come l'ultimo, solo che l'ultimo non avevano piú paura.

La Casa era il postino, che già fare il postino lí ve lo raccomando, filosofo, pensatore del vago, giovane e già macilento, sconsolato a sentirsi ombra nel nulla, e voglio vedere voi alzarvi alle cinque del mattino con una tesi su Hegel in tasca per raggiungere in bici decine di case. Ogni casa un bar, ogni bar una grappa, ogni grappa un evidente calo motorio, che quando arrivava da me il cervello se lo sentiva nei piedi, prendeva dritto la discesa e andava a sbattere contro il cancello. Una, due, tre volte, finché decisi di lasciarlo aperto, il cancello, e la mattina dopo peggio ancora, perché lo sorpassò e continuò a pedalare pensando: «Strano, sarà piú avanti», e finí dritto nella piscinetta, lui, la Bianchi, le raccomandate, gli espressi, i telegrammi, tutti a galleggiare qua e là. Poi le recuperò una alla volta e le stese al sole ad asciugare, quelle parole di chissà chi.

E la Casa fu un grido improvviso, lacerante, uno solo, lí a letto fra me e Daria, in piena notte, un rantolo di cane strozzato, Dodi, piccolo piccolo, seduto, occhi sbarrati, poi chiusi, poi niente, niente. E il nostro, di grido, perché non respirava, non si muoveva piú, né a scuoterlo né a schiaffeggiarlo: respirava? non respirava? Il cuore, sentigli il cuore, presto, di piú, cos'ha, dio com'è freddo, bianco. Nell'assurdo muoversi a onda dei capelli agitati dal ventilatore sul soffitto. E ci guardavamo e ci spaventavamo divisi uno dall'altra. Cos'ha? Prova a girarlo! Massaggialo, smuovilo, insomma fai qualcosa, ma già, scansate le coperte, ero balzato in piedi, il telefono in mano con la cornetta che scappava da tutte le parti, e la linea che non c'era, e la luce nera, e gli interruttori inutili, e nessuno in Casa, e Pallino, l'orso, a testa in giú, e non un raggio, non una cicala, un silenzio perfetto da ultima sera. Presto, prendilo, e lo avvolge come può, e siamo cosí, lei nuda io pure, e al diavolo le scarpe, e si schizza via, l'auto spacca il cancello, prendo le curve di Barcuzzi e Maguzzano come rettilinei, non me ne importa niente adesso se ci fracassiamo tutti e tre nel buio tra i pali e gli alberi, e poi la strada è troppa, faccio la scorciatoia di Feniletto, appena un sentiero tra case incombenti, ma chi se ne frega, pigia, dài, guida, guida, guida... E Daria una nenia, piange, urla chiamando Dodi in tutti i modi possibili, e sembra una preghiera altissima, la sua, una di quelle che Dio deve sentire.

– Che fa? Si muove? – chiedo, ed è inutile, perché sto chiedendo a me, lei non può sentirmi, lei è solo Dodi, il suo Dodi, la paura infinita di stringerlo ora come l'unica immensa verità della sua vita. Darebbe tutto in cambio di un solo piccolo segno.

Ma sappiamo già, sappiamo bene entrambi che non verrà, ora. Sembrano anni, sembrano mesi da quando mi sono messo a volare come un pazzo verso l'ospedale. È questo il tempo? Esiste un tempo? Un fruscio, un volo di mosca, un goccio d'acqua sopra un cerino. Non può, non può essere, e adesso nemmeno patiamo piú, non la disperazione di un grido, non il sussurro di una preghiera, li abbiamo lasciati alle spalle, il sussurro e la preghiera.

Sull'ultima curva penso ad altro, a qualsiasi altra cosa, un bluff a poker, il labirinto di Borges, il mare di Amalfi, perfino all'Inter. E che domani sarò solo, che io e Daria saremo soli, perché se Dodi non c'è non ci sarà piú niente, e che è sbagliato pensare che siamo una parte, e solo una parte, perché non è cosí, perché ognuno è tutto, Dodi è tutto, perso Dodi la Casa va a pezzi, noi andiamo a pezzi. Chi mi ridà il bimbo che trascinava il suo tappeto ai piedi del mio letto? Il mio bambino piú bambino? Il mio bambino per sempre? Sono all'ultima curva, sgrano e ingrano, la marcia gratta, bestemmio: là tra due platani che scorgo appena, perché manco la vedo la strada, né il nero in fondo che dovrebbe essere il lago, sotto un cielo che presumo essere lí, perché non vedo nemmeno quello, improvviso, eccolo là, lontano, l'abbaglio di un attimo: la Casa. E in quell'istante preciso, in quel preciso unico istante sento il gemito o piú di un gemito, un respiro soffocato, una voglia improvvisa di essere vivo. E c'è Daria da dietro che mi fa: – È lui, è lui –. E ora sí che grido, e Daria con me, e mi volto in un fremito e la vedo stringerlo per un amore di vita rinata, mai perduta. La vedo bella, innamorata, i suoi occhi aperti a una gioia indescrivibile, gli stessi di Caro e di Arrigo, occhi nocciola mistero, gli stessi di quando sfondammo la finestra della Casa.

Ci ha fatto anche paura, la Casa, ci ha pure divisi, ingannati. Ma non c'era altro spazio che in lei.

– Dobbiamo proprio farlo, – mi dice Daria, – lo sai anche tu.

Ero lí che fissavo i resti del recinto dove avevo pensato di chiudere Paco di notte, perché ne combinava troppe qua e là per le campagne. La prima volta l'avevo fatto alto un metro e mezzo: «Basterà», mi ero detto. Manco per sogno: la mattina dopo era lí fuori che scodinzolava, con un orecchio pendulo da zuffa notturna. Cosí avevo aggiunto mezzo metro. Ridicolo, ne venne fuori senza nemmeno un graffio. Avevo aggiunto un altro metro ancora e mi ero nascosto a spiare per capire come faceva. Era un genio dell'evasione: si arrampicava su su per la grata, zampa dopo zampa, e una volta in cima si lasciava ricadere al di là, schiena o non schiena pazienza.

Guardavo il recinto e pensavo alle tante volte, negli anni, in cui io e lui eravamo venuti soli da Milano perché avevo idee, o canzoni, e volevo stare lí a scriverle. Lo infilavo in macchina e ce ne partivamo con chitarra e registratore. Ma Paco era Paco. A lui di stare lí a far niente mentre suonavo non andava proprio giú. Al principio fu per caso, poi diventò un'abitudine: doveva assolutamente starmi davanti quando scrivevo, alba, giorno, notte che fosse, e si arrabattava pure a fare commenti, a modo suo, è naturale, per approvare o schifare quel che sentiva, agitando il muso se gli garbava o cacciandosi in un angolo se lo faceva morire di noia. Beh, io stravedevo per lui e non faccio testo, però ho le prove, registrate, di quando ascoltando *L'amore mio* era partito a guaire all'unisono col ritornello e in perfetta tonalità.

Non mi mollava mai. Una volta che per sbaglio l'avevo

chiuso dentro, al secondo piano, ed ero uscito a mangiare, saltò giú dalla finestra ecchissenefrega delle zampe, ruppe a testate il lunotto dell'auto e ci si ficcò dentro, per la paura che me ne andassi dimenticandolo là. Dimenticarlo lí? Lo riempii di pugni in testa, che già sanguinava per i fatti suoi, per la rabbia, e per lo spavento che si fosse fatto veramente male, e lui lí a prenderle perché Paco non scappa, non s'intende di ritirate strategiche.

Fissavo il recinto e sí, dovevamo proprio farlo, dovevamo proprio darla via, la Casa. Cercavo scuse per dirmi che c'era tempo, che potevamo aspettare ancora un po'. Ma non era vero, di tempo non ce n'era piú. E non c'era piú Paco, non c'erano i figli, gli amici scomparsi a uno a uno, e le corse, le rincorse, e poi tutto quell'andirivieni da Milano, il lavoro, 'sto cavolo di successo, e la Casa costava, dio se costava con tutti quei tubi, l'acqua, i seimila metri quadrati di prati, alberi, magnolie, melograni, rose che s'intristivano a ogni minimo abbandono. Costava come un transatlantico e ogni volta pareva un viaggio Genova - New York, ormai erano anni che l'abitavamo quando si poteva. Anni che eravamo tornati a Milano. Ed era un tormento lasciarla disabitata, perché le lunghe assenze ci costavano poi mesi di riparazioni, riallacci, convocazioni di elettricisti e idraulici, giardinieri e guaritori d'ogni tipo. E quando ci andavamo, qualche domenica, io la sentivo diventare triste come una persona viva. «Non stai piú con me, e non mi piace il tempo, non mi piacciono i ricordi: non eri tu a dirmi che passato, presente e futuro sono una cosa sola? E adesso?»

Avremmo potuto tenerla, sí, rinunciando ad altro, ma non era quello il vero problema. Capivamo che la Casa non era piú la stessa, perché era entrata nel tempo, nel tempo orizzontale, in quello che hai voglia a dirti:

«Siamo sempre gli stessi». No, o meglio sí, ma non gli stessi di allora.

Non fu cosa breve: il mercato era in ribasso e non volevamo buttarla via, darla al primo venuto. Cinesi o russi che fossero, arrivavano, lodavano, ammiravano, «Ci vediamo», «Vi faremo sapere», «Va rifatta», «L'impianto è vecchio», e soprattutto, cosa che mi faceva incazzare: «Non c'è vista lago».

Non c'è vista lago? Io questi della vista lago proprio non li sopportavo. E che fai? Ti piazzi lí e guardi il lago dalla mattina alla sera come un coglione? Te lo vuoi imparare a memoria? Te lo spiego io il lago: là davanti c'è Sirmione, a sinistra Manerba, e in mezzo tutti quei puntini bianchi che sono le vele che chissà cosa te ne frega. Se ti fai cinquanta metri il lago lo vedi, e allora?

Però questa era la sfiga: la Casa, già snob per i fatti suoi, si trovava proprio in mezzo ad altre case che dall'alto o dal basso il lago lo vedevano.

Al principio tutti questi ma e se giocavano a mio favore, perché io di darla via, la Casa, non ne avevo proprio voglia. Quelli arrivavano e io subito buttavo lí, con sottile e apprezzata onestà, ogni piccolo «ma suvvia superabile» difetto. Prendevo tempo, nella tipica incoscienza da maschio «si vedrà», categoria cui appartengo con orgoglio.

Daria ci mise poco ad accorgersi del gioco e mi proibí di trattare da solo. E fu la fine. O meglio, fu la fine che doveva essere.

Dagli e ridagli, si presentò uno che aveva ai nostri occhi due qualità: i soldi e nessun interesse per la vista lago.

C'erano state sere nella Casa in cui le lucciole sembravano proiettare le costellazioni e l'aria era cosí rarefatta, cosí intelligente, da filtrare gli echi e i suoni lontani e scartare quelli inopportuni; c'erano stati mesi di maggio in cui bastava fissarle, le rose, per farle crescere, e allora ci chiudevamo lí tutti e sei a spiegarci quant'è bello il mondo; e ognuno era se stesso ed era gli altri insieme, ognuno volava fuori dalla sua finestra, ma tornava sempre a quell'unica identica porta.

C'erano state sere che il corpo di Daria sapeva di tutti i fiori raccolti e aspettavamo che gli altri dormissero per spegnere la luce e accarezzarci con ogni premura, ogni leggerezza possibile: accarezzarla e sentirne sulla pelle a volte il fuoco, piú in là fiammelle, e ancora braci: e poi sopra tutto quel viso bambino, scoperto a commuoversi al lampo improvviso di un raggio fra i vetri, e liscio di seta orientale. C'erano state sere che le braccia di Daria, le mani di Daria, avevano un che di culla, e le dita un parlare pietoso e sognante, e gli occhi la calma degli indovinelli risolti, «Stai tranquillo, dormi».

C'erano state sere. Ma in quella disse solo: – Per me va bene, ma devi deciderlo tu, anzi, anche tu.

Non pensavo mai che potesse capitare, Casa.

Io lo sai come sono, penso che tutto debba essere eterno quando è bello, quando stai bene. E invece non è cosí. E poi cos'ho fatto in questi trentacinque anni se non rimandare sempre? E ascoltami, tanto non ci sente nessuno, cosa non ho fatto? Mi sono diviso, spezzato in due, mi sono difeso nell'ombra, scansato al passaggio del vero, ho corso in lungo e in largo a balbettare sogni e non ne ho costruito uno, a insegnare d'amore, ma quello perduto, che fa piú colpo, a colorare il dolore, a sfrignazzare rimpianti, che poi mica erano 'sti gran rimpianti: ho vissuto di me tanto da ribaltarmi, inventarmi, e tu lo sai, raccontandomi come non sono, sempre sulle righe, sempre a imitare epiche della solitudine, a cui non son manco portato, e ho confuso l'amore con l'amore per me, anzi, nemmeno amore per me, che quello esige serietà, esige risposte. Non amore, culto per me. Ho preso in mano la lira per scommessa: devo farvi piangere tutti, tutti devono commuoversi, perché io non ho niente dentro ma voi sí, e voi piangerete perché io fingo di averlo. Ma quanto davvero m'importa degli uomini, della vita? E soprattutto quanto ho barato, quanto mi sono convinto delle mie finzioni? MA COSA STO PENSANDO? SONO IO QUESTO? SONO VERAMENTE COSÍ?

E allora è stato un mosaico, un incastrar pezzi, uno sguardo annoiato al fiume senza voglia di sapere da che monte e in che mare. Oh sí, in questa scatola ci ho messo di tutto, perché sí, questo sí, ho immaginato che gli altri provassero veramente quello che io non so se provo. Un ateo che insegna religione. E poi, diciamocela tutta, Casa, in questi nostri anni ho dato tromba al superfluo, al numinoso, al gioco, che meraviglia, perché altro non so fare, buffone che sono, perché quello che conta davvero mi ha sempre fatto paura, perché le cose, le cose vere, le persone, quelle che hanno pensieri veri, non le conosco e nemmeno le ho volute conoscere: perché ho sempre ventilato e mai deciso, sminuito e mai affrontato, e perché in fondo non sono *reale*, non ho niente a che fare con le tasse, il sudore, l'educazione, il lavoro, le malattie, gli abbonamenti, i soldi che mancano, le pulizie, i traslochi, gli acquisti, le vendite, e nemmeno, guarda un po', con le fedi, gli eroismi, le miserie.

SAREI DUNQUE UN FINGITORE? POSSIBILE CHE NON ME NE SIA ACCORTO MAI? POSSIBILE CHE IN TANTI ANNI L'ABBIA NASCOSTO PERSINO A ME STESSO?

Di certo ho capovolto da subito ogni appartenenza, un gran bel nichilismo attivo.
MA COSA STAI DICENDO? TI ACCORGI DI COSA STAI DICENDO?
No, per favore, falso no. Ci credo a questa storpiatura dell'esistere e la amo. Com'è difficile dirtelo, Casa. E tutto questo non mi sarebbe neppure passato per la mente se non stessi per lasciarti. Mi accorgo, lo avverto, lo riconosco, che ai miei figli ho dato poco o niente. E la mia donna l'ho fatta morire mille volte tirandole e lasciandole la mano senza lo straccio di una ragione. Ai miei figli non ho insegnato a difendersi, a distinguere il falso dal vero, il sogno dalla realtà. Non ho mai rinunciato a niente, non mi sono mai messo per secondo, in fila: li ho convinti a restare nella mia ombra, a credermi un poeta, e che ai poeti altro non interessi se non che la vita è poesia. E devo averli colpiti, feriti, raggirati cosí bene che veramente mi credono un poeta, che veramente sono stati felici nella Casa. E invece sono indifesi, perché tutto quel che gli ho fatto credere che contasse non conta, e quello che conta se lo sono dovuti andare a cercare da soli e non sempre ce l'hanno fatta.
Ma che ti devo dire, Casa? Tutto questo riempirli di sogni e vie di fuga, lo so, lo so, non è propriamente amore. Ma ti giuro, io sinceramente credevo cosí.
Non era voglia di solitudine quando mi astraevo e non c'ero per nessuno. Io la odio la solitudine, è triste, e sono gli altri a importela. No, non era solitudine, ma *solitarietà*, un misto di tenerezza e riserbo, una voluta intimità che non scalfisse altri amori. E poi forse stasera ho davvero esagerato, me ne sono dette anche troppe. No, non è vero che canto agli altri cose in cui non credo, o almeno non è vero sempre. Ma, quando ci si vuol far del male veramente, non esistono limiti.
E non è nemmeno vero che di vedere o non vedere il

lago non me ne frega niente, che poi a starci attento, nelle albe invernali, fra gli alberi del bosco spogli, senza piú foglie, Sirmione un po' si vede, anche se non si può essere mai veramente certi che sia lí.

Postilla.

Il giorno del compromesso imposi una condizione, una sola, che venne accettata a parole e di fatto. E cosí, ogni 22 dicembre, i nuovi proprietari sloggiano e mi lasciano una giornata da solo nella Casa. Io arrivo coi miei metri di filo, le mie luci, i miei festoni, i miei serpenti al fosforo, e la faccio brillare come non mai, Pino compreso, che da lontano pare sia scoppiato un incendio. L'anno scorso ho pure aggiunto cervi e renne luminescenti qua e là per il giardino. Per l'anno venturo il figlio dei proprietari mi ha chiesto un dinosauro catarifrangente.

– C'è un limite a tutto, – gli ho risposto.

per Francesca, Carolina,
Arrigo e Dodi

*Com'è difficile avervi dato il cuore,
la pelle, i nervi, gli occhi, i piedi…
perfino il mio odore
e nemmeno una sola ragione,
una sola, qualunque, anche vaga ragione
di essere qui.
Sembro invincibile, quando uscite la sera
senza darmi un bacio;
sembro invisibile, perso nei miei pensieri,
quando vi incrocio.
«Nostro padre ha una tale riserva di sogni
che non è possibile batterlo:
lui non può perdere mai…»*

*Ma guardate quest'uomo,
che vi ha insegnato a vivere
fermando il tempo,
con un solo vestito
per tutte le stagioni,
che vi ha insegnato a correre controvento,
e che vedete sul palco
a sbranare emozioni,
a serrare nei pugni
le cose che vanno via,*

*perché il bello degli uomini
è che non hanno mai perso,
e vi ha insegnato la grandezza
della malinconia,
perché siamo i soli padroni
dell'universo.
Ma guardate quest'uomo,
guardatelo adesso, guardate
questo buffo uomo ridicolo
che sta sulla porta,
questo buffo uomo ridicolo
che fuma dietro la porta,
questo buffo uomo ridicolo
che aspetta solo che torniate
e tutto il resto è un puttanaio
di puttanate...
È un puttanaio di puttanate.*

*Cosí fa il tempo,
e non insegna a nessuno
come restargli dietro;
cosí fa il tempo e ti mette nelle tasche
diamanti di vetro...
E il ragazzo guardava le stelle,
e le stelle guardavano il buio,
e nel buio vi ho dato la mano...*

*Non badate a quest'uomo,
che sarà forse il freddo,
sarà forse il fumo,
ha chiuso gli occhi ma dentro
ci continua a vedere,
come il suo vecchio perso*

*nel bosco di Colono,
o il suo Valerio sfinito
di gotta e d'amore,
quest'uomo mai finito
e avvinghiato ad un sogno,
rivenduto in pacchetti
di musica e parole,
che scorreva la vita
e non trova piú il segno
dove stava per leggere
il senso del dolore,
ma guardate quest'uomo,
guardatelo adesso,
guardatelo, guardate
questo buffo uomo ridicolo
che sta sulla porta,
questo buffo uomo ridicolo
che fuma dietro la porta,
questo buffo uomo ridicolo
che si aspetta che voi amiate
proprio quello stesso
puttanaio di puttanate,
il suo puttanaio...*

(*Quest'uomo*, 1997)

Il tempo verticale

Quando vedete una cosa, la vedete per l'ultima volta. Ogni persona che incontrate, appena la incontrate, è per l'ultima volta. Oh certo, ci sono cose e persone, foglie e strade, treni, formaggiere, nuvole, chitarre, che non rivedrete veramente mai piú. Ma ci saranno altre cose, strade, treni, che crederete di rivedere e invece no: anche quelli, proprio quelli, li vedrete per la prima e ultima volta. Ogni canzone, ogni film, ogni poesia, quadro, poema che vedrete, sentirete, leggerete, lo vedrete, sentirete, leggerete per l'ultima volta. Oh certo, potrete riascoltare, rileggere, rivedere: il film è quello, quello il poema. Siete voi a vederlo e sentirlo, anche impercettibilmente, in altro modo. Infinitesimi gli scarti del cuore, che non solo dividono ma fanno diverso il mondo: voi sarete altri anche un minuto dopo.

Ho visto Ischia la prima volta. La seconda si chiamava sempre cosí, ma non era la stessa. Era un'altra prima volta. Ho baciato Daria la prima volta ed era già l'ultima, perché poi ho incontrato Daria un'altra prima volta e l'ho baciata un'altra ultima volta. Quello che noi chiamiamo «tempo» è un'illusione di tempo, una mistificazione di scorrimento.

Ha ragione la pellicola: noi guardiamo attimi staccati, ognuno è il primo e l'ultimo, quello che segue non segue affatto.

Non c'è, non esiste tempo orizzontale: s'invecchia, ci s'incontra, ci si lascia perché crediamo che il prima diventi poi, e per la stessa ragione si ricorda, si rimpiange, si protesta, si spera: perché crediamo che ci sia stato un prima e ci sarà un poi.

L'inganno del tempo orizzontale ci salva la vita: se vivessimo nell'incubo di un inizio che è anche sempre una fine, che nessun prima abbia a che fare col poi, sarebbe un inferno. Ed è questo che avvertono i suicidi, questo sanno. Il tempo lo vogliamo orizzontale per l'angoscia dei singoli attimi, delle singole tessere, per la paura che ci dà l'indefinito: che ci sia, non ci sia ancora o ci sia stato, noi solo il mosaico intero vogliamo vedere, la storia, il tempo che scorre e infila giorni come perle in una collana.

Ma questo stesso tempo che ci salva c'incalza, ci spinge, ci rincorre, ci trascina, perché crederlo reale obbliga a viverlo come reale. È un mito, il non-tempo. Ma è un mito fuori di noi, smarrito, perso, sostituito dall'anello delle attese tra un fotogramma e l'altro, pura fantasia: non esiste quest'anello, ma ne abbiamo un drammatico bisogno. Quell'anello si chiama speranza.

E l'esperienza allora? Non è una serie di prima che diventano poi? L'esperienza non ci viene da una catena di fatti e di forme che crediamo collegati tra loro, ma da un accumulo di ricordi sfasati. Noi sovrapponiamo come carte veline ricordo su ricordo tagliando via il troppo, rimpiazziamo il poco fino a trovare il giusto. L'esperienza è una correzione di ricordi singoli, solitari, vagamente somiglianti l'uno all'altro, che non possiamo confrontare fra loro, cosa impossibile con le forme in sé, quelle reali, che non ammettono una sequenza.

I bambini, i pazzi, i geni, i poeti non conoscono il tempo orizzontale, non ne hanno bisogno, sanno che quando vedi una cosa la vedi per l'ultima volta, sbugiardano il trucco del tempo orizzontale perché non temono l'attimo, non hanno paura di ciò che non scorre, che non ha fine né inizio. Il loro è un tempo verticale: non c'è passato, non esiste futuro, perché per loro i ricordi sono lí, adesso, a portata di mano, non dispersi in una nebbia; e il domani, i sogni, lí e adesso, come se immaginarli fosse già viverli. Passato, presente e futuro sono impilati l'uno sull'altro, sono un obelisco che poggia su una tessera sola.

E non hanno paura, no, anzi, sono felici, non devono riandare indietro con la memoria o fabbricare presagi; niente passa, niente si perde: le cose per altri perdute, per altri sperate, sono tutte lí, vive, presenti.

Si può fermare, il tempo. Si può conoscere e vivere il tempo verticale. Avere tutto in un solo istante: passione e noia, dolore e riscatto, sconfitta e vittoria. Niente yoga, zen e celesti meditazioni. Niente fedi, salvezze, cambiali di pace. Vivere il tempo verticale non vuol dire uscire dal tempo imperturbabili ai venti, alle tempeste, baciati dal sole. Vuol dire avere davvero tutto in un solo istante, e può essere piú tremendo di poter guardare a ieri o a domani: bisogna saperlo governare, questo tempo, non naufragarci dentro.

Non ci sono alibi, non esistono scuse. Bisogna cercarlo, questo tempo.

per Francesca

*Sapeva tutta la verità
il vecchio che vendeva carte e numeri,
però tua madre è stata dura da raggiungere,
lo so che senza me non c'era differenza:
saresti comunque nata,
ti avrebbe comunque avuta.*

*Non c'era fiume quando l'amai;
non era propriamente ragazza,
però penso di aver fatto del mio meglio,
cosí a volte guardo se ti rassomiglio,
lo so, lo so che non è giusto,
però mi serve pure questo.*

*Poi ti diranno che avevi un nonno generale,
e che tuo padre era al contrario
un po' anormale, e allora saprai
che porti il nome di un mio amico,
di uno dei pochi che non mi hanno mai tradito,
perché sei nata il giorno
che a lui moriva un sogno.*

*E i sogni, i sogni,
i sogni vengono dal mare,*

*per tutti quelli
che han sempre scelto di sbagliare,
perché, perché vincere significa «accettare»,
se arrivo vuol dire che
a «qualcuno può servire»,
e questo, lo dovessi mai fare,
tu, questo, non me lo perdonare.*

*E figlia, figlia,
non voglio che tu sia felice,
ma sempre «contro»,
finché ti lasciano la voce.
Vorranno
la foto col sorriso deficiente,
diranno:
«Non ti agitare, che non serve a niente»,
e invece tu grida forte,
la vita contro la morte.*

*E figlia, figlia,
figlia, sei bella come il sole,
come la terra,
come la rabbia, come il pane,
e so che t'innamorerai senza pensare,
e scusa,
scusa se ci vedremo poco e male:
lontano mi porta il sogno,
ho un fiore qui dentro il pugno.*

(*Figlia*, 1976)

Mi ritorni in mente

Adesso il ragazzo è steso in corso XXII Marzo. Adesso la sua bicicletta è finita in una vetrina. Non adesso, prima, un attimo fa, l'ho sentita rimbalzare sulla capote di questa mia macchina da figlio di papà che è una 124 Spider. Adesso sento solo ronzii e rumori; qualcuno mi tira fuori, mi fa entrare in un bar, mi offre un cognac, come non avessi già bevuto abbastanza. Adesso che mi guardo allo specchio dietro il bancone, ho addosso una divisa da aviere. Sto tornando a Linate dopo una licenza breve. Lui, il ciclista, non l'ho proprio visto: è uscito all'improvviso dietro la fermata del tram. Io ero in ritardo. Ero in ritardo con te.

Tutti i giorni, alle due tornare in quel bar, tutti i giorni nessuno escluso, perché ci passavi tu. Perché tu eri, anche solo in quell'attimo, la cosa piú bella, la frenesia perduta, la gioia di sentire i nervi diventare dolci all'atto di sfiorarti su quella Seicento scomoda in una Milano che non c'era nessuno in giro, nessuno che potesse rovinarci la festa di ogni sera.

Ti buttai le vongole in faccia e fu la fine. Ricordo ancora i piatti nel lavello della casa di tuo nonno. Tu eri già fuori, fuori di te. Io non sapevo altro che del tuo profumo, della tua pelle, del tuo accucciarti in quella macchinina. Io ero veramente il re del tempo e di Milano e del tuo cuore. Finí per la tua follia e per le mie invincibili paure. Finí male in un attimo d'improvvise rinunce. Finí perché gli amori finiscono cosí come cominciano, e basta. Finí perché niente capita a caso, proprio mentre stavo partendo per la leva.

Cosí fu buio per un mese buono. Ero prigioniero di un dormitorio comune, marce all'alba, scherzi idioti, facce che nemmeno conoscevo. Mio padre e mia madre vennero a trovarmi e mi portarono una bottiglia di Chivas. Sarebbe stato meglio due stecche di torrone, ma allora non sapevano, non potevano sapere che stavo per cominciare un brutto viaggio e mi ci sarebbero voluti venticinque anni per troncarlo.

Quell'anno l'estate non venne. Si passò dalla primavera all'autunno e nessuno parve accorgersene. Fu allora, a fine giugno, o luglio, non ricordo, che sentii per la prima volta *Mi ritorni in mente*. Fu per caso, allo spaccio di Linate, cento lire tre canzoni. L'aveva messa su il Martini, una specie di bufalo buono di Ferrara che lavorava alla mensa sottufficiali insieme a me. Martini era evidentemente pazzo: nascondeva gli scarafaggi nei caffè e dormiva sul divano del bar completamente nudo.

Fu come un colpo di fulmine. Improvvisamente quella canzone fu mia, soltanto mia. Mi ci ritrovai dentro corpo, anima e viscere, continuavo a gettonarla passando in breve dal piacere al masochismo puro. La ascoltai cosí tanto da impararne a memoria note, passaggi, silenzi, strumenti, raucedini, urli, chiaroscuri.

Due erano i momenti topici: la frenesia in attesa del crescendo che presagiva il ritornello («Tarantantan, tarantantan, tarantantan...») e quella maledetta frase come un martello al centro della testa: «Lui chi è?...» Perché c'era un lui, un lui che non conoscevo. Un lui dopo cinque anni di noi due.

Cosí *Mi ritorni in mente* diventò la mia canzone per l'autunno, perché l'estate non c'era. E non fu una musica per ricordarci insieme, un motivo che si fissa nella memoria per averlo vissuto in due. Fu un assolo, una ricostruzione personale, disperata, di una fine, e la fine non finiva mai, perché ricominciava tale e quale ogni volta che il gettone cadeva nel juke-box e il braccio meccanico riportava il disco al suo posto. Rimaneva aperta come una ferita, la fine.

E poi, ma tanto poi, i primi permessi. Nemmeno il tempo di cambiarmi ed ero al bar sotto casa nostra, perché sapevo che passavi di lí tutti i giorni alle due. Quando entravi ti guardavo di striscio, a volte facevo persino finta di non accorgermene. Parlavo con altri, altri che ti conoscevano e sapevano. Tu eri frenetica, inarrestabile, non stavi mai ferma. Ordinavi un toast e te lo dimenticavi sul banco, prendevi appuntamenti, ridevi, ti spettinavi, facevi cadere di tutto dal tavolino. Io ti guardavo solo se ti voltavi e tentavo di metterti tutta dentro, per resistere fino al giorno dopo. E soltanto quando te ne andavi salutando la compagnia rumorosamente, soltanto quando anche gli altri si erano tutti alzati, erano tutti usciti, infilavo la mia moneta e ascoltavo Battisti, che poi ero io, perché che cantasse Battisti era solo un caso.

Quella pantomima durò sette, otto mesi, non ricordo

piú. Le parti, i dialoghi, si fossilizzarono fino a ripetersi esattamente uguali ogni giorno. La provocazione diventò un rito. Ero prigioniero di quel rito, guai a cambiarne l'andamento, a modificare la successione dei tempi. Il rito diventò verità, l'unica accettabile. Le altre ventitre ore e passa della giornata, attesa e ricordo di quei dieci eterni minuti.

Mi dicono che il ragazzo non si è fatto niente: è rimbalzato sulla capote e ne è uscito illeso.

Ora è in piedi, tenta inutilmente di raddrizzare una bici disastrata.

Adesso arriverà il maresciallo, m'interrogherà. Finirò dentro: questo, anche se sono al terzo cognac, lo so, ma non me ne importa niente. Sono felice per il ragazzo.

La camionetta militare mi carica e mi porta via. La mia macchina resta lí. Sono rimasti intatti solo i sedili. Devo dirlo a Martini, gli venisse in mente di dormirci dentro, magari nudo.

Mi portano in camerata, si rimanda tutto a domani. Domani. Ma oggi è passato, oggi tu non eri là, oggi qualcuno mi ha detto che lui (e lui chi è?) ti ha portato in una villa sul lago di Como. Ed è cosí che è andata: mi sono fatto tutte le ville fino a Bellagio, bussando e urlando, a cercarti per niente, senza speranza. E piú bevevo piú m'incaponivo, e non capivo, e scambiavo i tempi e sovrapponevo i visi, e mi davo ragione, fosse stata l'ultima cosa che stavo facendo.

Rientrato a Milano (notte? alba?) non vedevo piú niente. C'era sempre qualche incrocio o bivio, c'era sempre qualche luce che mi veniva addosso. Cercavo di pensare e di cantare. Niente idee, niente parole. Mi sembrava di guidare in fondo al mare, tra relitti e pesci sconosciuti dai guizzi improvvisi che evitavo senza rendermene conto. Lontano, molto lontano, si dipanava una nenia, non un canto vero e proprio, una specie di lamento, di ninna nanna irraggiungibile, e a tratti ecco ancora lí davanti a me la bocca e le ciglia di mia nonna, nonna Rina. Il tonfo non lo sentii nemmeno. La macchina si fermò perché la fermò un palo. E il palo lo trovai cosí, seduto alla mia destra, verde e scorticato, a una spanna dalla mia faccia. Fu allora, proprio allora, che voltandomi capii. Capii che la morte si ferma anche un metro piú in là. E capii che era finito Battisti, era finita *Mi ritorni in mente*.

Prendo la chitarra ed esco dalla camerata. Vado su per la scala del bar. Martini è in piedi sul divano che controlla una famiglia di bacherozzi sul soffitto. È cosí assorto che manco mi vede. Io mi caccio in un angolo e, improvvisamente, mi tornano tutte le sere passate in Seicento con te, sulla montagnetta di San Siro. E mi metto a suonare, istintivamente, buttando giú le prime parole che capitano.

Forse quegli inverni, tutti quegli inverni, sono stati le nostre estati; forse dovrò raccontare anche che non sono stato capace di dire qualche no, che tu ti nascondevi e io ti trovavo, ti amavo, giocavo il tempo. Forse in questa canzone (ma qualcuno l'ascolterà mai?) dovrò anche metterci Milano e le sue luci che non saranno mai piú uguali, non saranno mai piú le stesse. E mentre ci metto dentro tutto questo, Martini scende dal divano e mi guarda come un marziano. Poi fa un verso allucinante e torna a contare i suoi bacherozzi. – Bella, però, – dice senza guardarmi.

E se tu fossi rimasta?

Se tu non mi avessi lasciato non avrei scritto *Luci a San Siro*, se fossi tornata a dirmi: «Ho sbagliato, scusa, ti amo», quella canzone non sarebbe mai nata.

Quella specie di amore sarebbe durato forse mesi forse anni, poi sarebbe finito.

E non ci sarebbe piú stato l'amore.

E nemmeno lo strazio.

E invece lo strazio, quel pugnale nel cuore, l'addio di quella sera è svanito, svaporato, non fa piú male, ma la commozione che mi prende ogni volta per quella canzone è viva e lo sarà per sempre.

Si maschera da dolore a volte, la felicità.

per Carolina

La chitarra riempie la tua stanza
come te la riempiono gli amori,
forse a diciott'anni non c'è distanza
tra le cose dentro e quelle fuori,
forse a diciott'anni si canta e basta:
essere sentita o non sentita
non ti cambia la vita.
Io non ho l'età e ho le palle piene
di vedermi questa gente intorno:
manager cazzuti, falchi, iene,
ti farò sapere quando torno
ma ti lascio un sacco di parole
e quel po' di roba che mi avanza
qui nella mia stanza...

Passerà tutto questo vivere,
questo andare e venire di treni,
questa lettera da leggere e da scrivere;
passerà questo vivere nei tuoi occhi
da non poterlo piú tenere dentro,
da farti credere che il cuore ti scoppi,
e allora canta, canta, canta, canta, canta,
canta, canta, canta, canta, canta,
canta, amore mio, finché ti batte il cuore.

*Canta, canta, canta, canta, canta,
canta, canta, canta, canta, canta,
canta, amore mio, finché ti basta il cuore.*

*Tutto questo c'è nella mia stanza,
giuro, non lo so se è poco o molto,
so che non sapevo mai starci senza
e mi vien da ridere se mi volto:
se ti va puoi entrarci, se no, pace!
Vedi di giocartela a testa o croce,
ma con la tua voce.*

*Passerà tutto questo vivere,
questo fottutissimo tempo stupendo,
questo dolore che ci fa ridere;
passerà questo vivere nei tuoi occhi
da non poterlo piú tenere dentro,
da farti credere che il cuore ti scoppi,
e allora canta, canta, canta, canta, canta,
canta, canta, canta, canta, canta,
canta, amore mio, finché ti batte il cuore;
canta, canta, canta, canta, canta,
canta, canta, canta, canta, canta,
canta, amore mio, finché ti basta il cuore.
Canta, canta, canta, canta, canta,
canta, canta, canta, canta, canta,
canta, amore mio, finché ti basta il cuore
e se non ti basta il cuore
canta con il mio cuore.*

(*La mia stanza*, 2002)

Frammento 94

Quando mi presentai al Beccaria, al mio liceo, il mio liceo classico, dopo cinque anni di nebbie sulla Comasina, partendo alle sei, arrivando a spinta, tra lampi di prostitute disperse nel mattino e miraggi di animali vari che mi attraversavano la strada (una zebra?): quando finalmente mi presentai, e salii quelle scale, bello, di prima nomina, che adesso sí ero nel mio sogno, nel mio mondo, che adesso sí saran qui tutti schierati a saltarmi intorno, abbracciarmi, preside in testa e ragazzi plaudenti, quando dunque arrivai e mossi i primi passi in quell'atrio deserto che piú deserto non si può, fu il calcio in culo del bidello a svegliarmi dalle fantasticherie: – Fila dentro che la campana è suonata da un pezzo.

Ero troppo giovane per sembrare un professore.

Passai in segreteria. – Il preside la riceverà quando potrà. La sua aula è la V E –. Ovviamente la piú sfigata.

Salivo le scale e spuntavano qua e là teste incappucciate, strani figuri, accoppiate improbabili, ragazze belle e chiassose, rare specie di angeli incompleti. Io andavo su e loro giú, come se non ci fossi, un'intrusione fastidiosa nel campo visivo, un pezzo di tazebao caduto e non raccolto.

Io venivo da Cesano Maderno, dalla diossina, da una classe di figli di operai e mobilieri che vestivano male, parlavano male, si muovevano da far schifo, non si abbronzavano mai e collezionavano foruncoli.

A volte la Seicento, che aveva i suoi anni e le sue paturnie, s'inceppava e mi mollava lí, tra Novate e Nova Milanese; chiamavo il preside per avvertirlo, ed era un'impresa trovare il gettone e il bar.

Mi sedevo sul parapetto dell'unico benzinaio della Comasina, se riuscivo a individuarlo in quella nebbia, e poi non c'era, il benzinaio non c'era, la benzina si fa prima, cretino. E pensavo. Pensavo che ero felice. Andavo a raccontare a quei ragazzi tutto ciò che amavo degli uomini e della poesia, e mi figuravo da dove sarei partito anche quel giorno e come lentamente, goccia a goccia, li avrei fatti entrare in un mondo che gli viveva accanto e non vedevano. E pensavo ai loro padri. Perché non basta spaccarsi la schiena nelle fabbriche, nei campi, non basta il 27 del mese, non ha senso coltivare frutti se mancano i fiori. Quei ragazzi non capivano un cavolo di Leopardi e Dante, ma a me bastava sapessero che c'erano stati. E mi bastava anche quel solo attimo di meraviglia al figurarsi la siepe nell'infinito, o il pianto di Francesca. Perché avrebbero incastrato tutta la vita i tasselli di legno del padre, avrebbero cucito ogni santo giorno divani a due, a tre piazze, ma con qualcosa dentro, tra lo sterno e la nuca.

E insomma me ne stavo su quel parapetto a pensare, gonfio dei miei entusiasmi. La felicità, mi dicevo, non è un momento in cui ti estranei da tutto: non è una passeggiata sul lungomare, sapendo una donna là con te, ad ascoltare tra mille palle la storia della tua vita. Questo e altro si chiama pace, serenità, ed è una debole, miserabile copia della felicità. La felicità è la sfida, la battaglia, sa dio se vinco o perdo: sta a mezzo tra chi eri e chi sei, e tu a roderti l'anima, a domandarti risposte, non trovare, cercare, non trovare, cercare, cercare, fino all'accordo che fa la canzone che vuoi, come la vuoi, e che per carità non sia l'ultima. La felicità è la paura che ti fa forte; cosa credi, di farmi paura? Io gioco a carte con te fino allo sfinimento e non cerco di chiudere il mazzo e riporlo. Io le ridò, le carte, fino all'alba del giorno dopo e di quello dopo ancora. E non pensare di farmi vincere una mano per piantarla lí. Io non voglio una mano, voglio la partita. Ah, morire, e che credi, di sbrigartela cosí? Io me ne impippo della fine e dei brillanti che semini qua e là per farmi chinare. Io la felicità la voglio addosso come una febbre, un innamoramento che non si spegne, la lunga onda di una mareggiata d'inverno con tutti gli scogli e i rifiuti possibili e insieme il corpo di una donna bellissima che esce dal mare e mi manda da lontano la vela di un bacio. Eccola, la felicità. E sarebbe anche che arrivasse il benzinaio e ripartisse la Seicento.

Al Beccaria ci misi poco ad ambientarmi. In sala professori conobbi subito Bonamí, bello da stordire le studentesse. Non mi chiese da dove venivo, chi ero, cosa fossi lí a fare. Mentre mi versava un orribile caffè dalla macchinetta, mi disse solo:
– Giochi a poker?
– Sí, – risposi, – e tu?
– Stasera a casa di Rattazzi, allora, – e se ne andò buttando via schifato il caffè.
E fu cosí che conobbi Rattazzi. Al tavolo eravamo in cinque: Bonamí, io, Cassiodoro, insegnante di chimica, Bondis, prof di ginnastica, ovviamente in tuta, e Rattazzi, appunto. Gli altri non mi colpirono molto: giacchette allergiche ai lavaggi, facce smorte, tipologia anonima. Rattazzi no. Lo capii subito, Rattazzi *era*.
In quella piccola stanza che sapeva di fritto non ancora

smaltito e che faceva pensare a una piccola donna nascosta chissà dove a cucire una tela mediterranea, Rattazzi *era*.

In quell'assembramento di soprammobili alla rinfusa e tapparelle oblique, disperate di non poter piú scendere né salire, lui *era*. Capii l'uomo e il suo universo al primo sguardo su quella faccia da gufo attento e impassibile. Pareva Farinata in mezzo ai guelfi: il mondo per lui non doveva essere altro che un accidenti capitatogli tra capo e collo, da liberarsene il prima possibile, e percepii, cosa che nei corridoi del liceo, nella penombra, ai casuali incroci, mi era sfuggita, che Rattazzi era il professor Rattazzi e gli altri niente.

Chiese se volevamo bere e furono le sue uniche parole di quella sera, a parte i «cip», i «passo» e i «tre volte il piatto». Cosí mi sedetti davanti ai ninnoli cado-non-cado del tinello, con Bonamí alla mia destra. Si ridacchiò del piú e del meno tanto per allentare la tensione. Ma c'era poco da allentare: Rattazzi non giocava a poker, lui *era* il poker. Ci mise meno di due ore a metterci tutti in mutande, rifiutando categoricamente altro gioco che non fosse la telesina. Fissavo le mie carte coperte e non riuscii mai per tutta la sera a immaginare cosa avesse in mano: un re, un fante? un bel niente? Lui massaggiava di continuo i suoi sbuffi da gufo sulle tempie e stava lí ad aspettare. Non rideva, non commentava, non c'era, non partecipava.

A un certo punto – avevo appena detto «passo» – fissai la libreria alle mie spalle e vidi un Cartault. Era lí, fra due dizionari, come un miracolo nella mia memoria. Lui possedeva un Cartault! E mentre intorno a me gli altri rilanciavano, mi prese la nostalgia dei giorni passati a cercarlo, quel tomo introvabile, desiderato allo spasimo per la mia tesi di laurea. E giocai cosí distratto la mano successiva che la vinsi, e forse fu l'unica.

Rattazzi chiuse i giri. Non sto a raccontare l'umore dei perdenti. Solo Bonamí se ne uscí sorridendo: – Non farci caso, va sempre cosí, Rattazzi vince sempre.

E, mentre me ne tornavo a piedi in una notte piena di stelle, rimuginavo una domanda sgangherata: «Perché mai un professore di greco gioca a poker e vince sempre?» Cosí, senza neanche pensarci, tornai indietro e bussai alla sua porta. Nessuna risposta. Bussai piú forte, piú a lungo, e ancora niente. Allora ridiscesi e restai a guardare la sua finestra accesa fumando a piú non posso. Rattazzi si affacciò, si sporse stupito e mi chiese cosa volevo.

– Lei, – gli risposi.

– E cosí professor... professor...
– Vecchioni.
– Ah, già, Vecchioni. Dunque lei è tornato qui per sapere come faccio a vincere sempre a poker? – mi disse offrendomi un'orribile sambuca.
– Sí, no, lei non lo immagina nemmeno. Io sono venuto a chiederle come fa ad avere un Cartault originale.
– Cartault? È morto nel '22, non avrei mai potuto conoscerlo di persona.
– Lo so, ma mi sono emozionato a vederglielo sullo scaffale.
– No, non è questo. È il poker, lo so.
– Non capisco...
– Vuole che le spieghi? E io le spiego. Il mio non è un gioco di carte, è un gioco di uomini: è un gioco di facce, di gesti, di pruriti, d'intenti, di occhiate, di sfrigolii, di colpi di tosse, di «scusate se mi alzo», di carte tenute in una mano o nell'altra. È trafiggere gli occhi e leggervi dietro la sicurezza o l'inganno.

– E in questo... – Non mi lasciò continuare.
– Il poker, – riprese, – è un gioco di uomini grandi e soli, ed è una *inventio*, lei mi capisce, un salto nel buio, a chi lo fa piú convinto, a chi ha meno paura e scava nel dubbio degli altri.
– E il greco...
– Eh, il greco. Pensi ai verbi. I verbi greci, i miei, i suoi...
Il vecchio gufo sgranò gli occhi e io mi spostai impercettibilmente sulla sedia.
– Ci sono avversari, – continuò, – che valgono il presente e non rischiano mai: quelli li becchi subito, poca fatica. Altri sono simili all'imperfetto, perché gli manca l'ultimo gesto, l'ultimo rischio. E poi ci sono gli uomini del futuro, che si aspettano chissà cosa dall'ultima carta. Uh, quelli li fermi subito con un rilancio impossibile, che li uccide. Peggio ancora quelli del futuro anteriore, sicuri che se certe carte le hanno già avute le avranno ancora. Sognatori, ma a poker non si sogna. E poi ce ne sono altri che somigliano al perfetto, nel senso originario di perfetto e cioè concluso, finito. Scale, full, colore. E perdono, ah se perdono. E infine, caro il mio piccolo allievo che sei tornato stanotte a rompermi i coglioni...
Era passato al tu, dunque.
– ... ci sono quelli dell'aoristo. E qui non c'è regola. L'aoristo come tu sai è un tempo che non puoi calcolare. Danno le carte e rilanciano; hanno sguardi ciechi, mani ferme, non si muovono. L'aoristo è immobile nello spazio. Indecifrabile. E allora come fare? Andarsene? Restare? Sollevo e riabbasso il capo, gioco col colletto, mi passo la lingua sui denti, chiudo gli occhi e penso sí alle carte uscite, a quelle che restano, a cosa hanno fatto gli altri, all'ammontare del rilancio, ma tutto ciò non conta. Io penso all'uomo, e ci penso cosí intensamente che a un certo punto glielo

vedo negli occhi, il re che mi uccide o il sette che lo umilia. Glielo vedo con tanto di fiori, quadri o vattelapesca.

Con uno cosí non c'era altro da fare che mandare giú la sambuca.

Ma il Rattazzi vero, quello che volava sul villaggio umano e, ben piú in alto, sfiorava i confini dell'impossibile, lo trovavo alle corse a San Siro. Non che andasse lí per giocarsi chissà che, anzi, il piú delle volte guardava, ammirava, scribacchiava, prendeva nota. Era un «trottista», categoria pericolosissima perché sempre borderline, con quella spada di Damocle che al trotto è la rottura.

Una sera che a corse finite non se ne voleva piú andare via, poggiato sullo steccato esterno, gli occhi persi verso le gru che disfacevano Milano, di là da Trenno, mi mise una mano sul braccio e partí come sempre faceva, senza la minima idea di dove sarebbe arrivato, perché poi il tema lo aggiustava sempre strada facendo.

– Vedi, – diceva, – il galoppo è natura vera, immutabile, natura che resta se stessa, troppo perfetta nelle discendenze, nelle genealogie, per produrre un salto: natura, preistoria e terra. I galoppatori sono re e principi o, a furia di essere purosangue, un tantino rimbecilliti nel tempo. Si ammalano un giorno sí e l'altro no. Una volta ti danno dieci lunghezze, l'altra restano al palo. «Cos'ha?» chiedi. «Mah, sta benissimo, ma la testa...» Che per forza a mettersi lí in venti, tra proprietari, allenatori, trainers, artieri e fantini sempre diversi, vanno in pappa. E le linee poi? Confronti non ne puoi fare, corrono sempre con altri che non hanno mai incontrato, perfino dopo anni d'impacchi e disgrazie. Io è come lo sentissi, un cavallo qualunque abituato a Pisa, pista piccola, retta minima, che a

Capannelle pensa: «Bene, la curva è finita, tra cinque paletti finalmente si arriva». E invece è a Roma e di paletti ce ne sono ancora quindici. E poi cos'è tutto quell'affannarsi, passo io, passi tu, per ritrovarsi uno sopra l'altro e i Seicento di Balaklava per lo sprint in retta? Che razza di corsa è se non succede mai niente fino alla fine? No, no. Pensa... – riprese piantandomi addosso i suoi occhi da gufo. – ... Pensa che un giorno t'incontro il Parravani, ma sí, che ne sai tu, Vecchioni, che una volta montava gente come lui, Camici, Milani, Fancera... Dunque il Parravani mi fa: «'Sto Discolo, – che portava, figurarsi, da Roma, – l'artiere mi dice: "Ha starnutito un po', stai sotto, coperto". Bah, incontro il trainer al tondino e: "Mi raccomando, Parravani, in testa subito e andatura, mozza il fiato a quei quattro brocchi". Finita lí? Nemmeno per sogno, ecco che ti arriva il marchese, il proprietario, che lui solo Ascot e Longchamp, che Discolo manco sapeva fosse suo. "All'attesa, all'attesa Parravani, poi negli ultimi quattrocento a chi la tocca la tocca"». Tanto per fare il manzoniano. E a chi dovevo credere piú?

Io ridevo dentro perché non era niente vero, e non era nemmeno vero che non amava il galoppo. Ma questo era Rattazzi, l'iperbole, il sofisma, il brillio aristocratico, l'esaltazione della causa persa. Lo stupore, l'imprevisto, Houdini.

All'improvviso tacque, si voltò, seguí per un po' il lento giro del trattore a sistemare la pista, mormorava tra sé e sé una nenia flebile e naturalmente noiosa. Friggevano rimbalzi di raggi finali dall'altra parte, oltre le scuderie Orsi Mangelli, e avevano preso a volare sul parterre tagliandi sparsi di giocate affrettate, sognate e perdute, bianchi, rosa, verdi come si usava allora, quando c'erano i colori.

– Perché si gioca? Perché si gioca un cavallo? – sussurrai piano, ma mi sentí.

Abbandonò il trattore. – Per divinare, – sorrise, – per precedere il destino –. Ed era già altrove. – Qui ho visto correre Tornese, Crevalcore, Nike Hanover, Elma, Roquépine e quel vagone nero di Timothy T.; qui ho visto arrivare, piccolo da far spavento, Hit Song, comprato per battere Cancannière la grande normanna: l'ho visto scappar via col fiato in gola per non farsi acciuffare... lí, ero proprio lí, era come gliele toccassi quelle contorsioni del muso, e poi la tosse, la bava agli ultimi cento che lei, gigantesca, se lo va a riprendere, e sentii Hit Song, perché credimi lo sentii, che si diceva: «No, se non io nemmeno tu», e infatti ruppero tutt'e due sul palo e vinse un'anonima svedese. Ma quello era il Nazioni, quella era *la* corsa per anni e anni: era il magnifico Gator Bowl di Giancarlo Baldi, il primo a farsi l'ultimo mezzo miglio in meno di 27″, là a mangiarseli tutti in terza, quarta ruota, noncurante di arrottate, scarti, intralci, bello come un eroe inutile, bello come la vendetta, a piombare su Ideal e Jorky che gli avevano preso cinquanta metri di vantaggio, e lo spingevo con gli occhi e col cuore, con quanta voce mi era rimasta nel vederlo prenderli ma non riuscire a batterli, per un soffio. Questo è stato il Nazioni. E poi quell'altra volta, la volta che arrivò da Padova la notizia di Tedo e Freddy, i primi due italiani a scendere sotto i due minuti... lí a fianco si giocava Milan-Inter, ma non gliene importò piú a nessuno: ci precipitammo nel parterre, si urlava come matti, due minuti, roba da americani, e ci fu anche chi si spogliò che sembrava un raduno rock. Gino, lo Sguincio, Savonarola, insomma i bookmaker, svuotarono il bar e offrirono da bere a tutti, che si andò via barcollando, manco avessimo vinto i mondiali o fosse arrivata la resistenza sui camion in piazza del Duomo.

Era commosso, il Rattazzi, e dovetti scuoterlo per la spalla. Ma se la capí da solo di essere andato un po' troppo in là e che non era da lui. Dio, come si assomigliano correre e vivere. Sapevo cosa pensava: che il trotto, il suo trotto, non è una danza alla primavera, una baldoria senza freni. Non è solo un andarsene via a quattro zampe sollevate szollando prati, «io sono il cavallo e faccio come mi gira», no. Il trotto è natura vinta dall'uomo, è cultura, studiare insieme animale e persona per fare l'uno quel che vuole l'altro: è danza, sí, ma classica, non tarantella, sfesseria, è metodo che assorbe e moltiplica l'istinto, l'istinto di correre, ché il cavallo altro non ha e nessuno lo costringe. A me se mettono addosso un sulky, una sella, manco mi muovo. Lui no, lui deve andare e forte, cosí follemente forte che se non ci fosse un uomo a spiegargli quanto e quando, morirebbe per asfissia. E il trotto diventa armonia, eleganza contenuta, intelligenza degli istanti: il trotto è classico, il galoppo barocco.

E cosí quando ce ne uscimmo scavalcando i cancelli perché era tutto chiuso, amai Rattazzi, ché tutte quelle puttanate lí, se non a me, a chi andava a dirle? E io, io, da chi altri potevo ascoltare cosí tante puttanate e sentirmi felice?

Non è che Rattazzi fosse granché espansivo, si concedeva queste tirate amicali solo di tanto in tanto. Gli altri docenti né lo amavano né lo frequentavano troppo, ma lo rispettavano, e con una certa soggezione. Bonamí, bello come un Apollo, lo invidiava perfino: – Quello non so come fa, Vecchioni, ma l'hai visto? Sembra La Malfa appena sveglio: com'è che tutte le allieve gli sbavano dietro?

Bonamí era un pallaro schedato, però io 'sta voce da qualche altra parte l'avevo già sentita: – Lui non ci fa proprio caso, è come se avesse davanti oggetti invisibili. Le ragazze le trapassa con lo sguardo e le supera, è un pezzo di marmo.

Una volta la De Ronchi, che era sinceramente uno schianto d'insegnante e raccoglieva pene e disastri d'amore di tutte le studentesse in crisi, mi portò in un angolo con fare cospiratorio e mi sussurrò: – Lo dico a te che sei suo amico, – che poi manco era vero, – ma sai cosa mi ha confessato una ragazza, di cui ovviamente non posso farti il nome? – Io, giuro, non volevo proprio saperlo. – Che è persa dietro Rattazzi, se lo sogna di notte, *che vorrebbe farselo*... – E lo avrei proprio voluto vedere Rattazzi in giarrettiere e mutandoni, a tastare qua e là in cerca degli occhiali, con un corpo estraneo a fargli pussi pussi dal letto. – E glielo ha pure detto, – rincarò la De Ronchi, – ha avuto la faccia di dirglielo... – Mi uscí di bocca una domanda: – E lui ha risposto? – Certo, e sai cosa? *Torna quando avrai diciott'anni* –. Si mise un dito sulla bocca come mi avesse svelato il terzo segreto di Fatima e se ne andò.

No, non era da Rattazzi quella battuta. Mai stato spiritoso, ironico forse, ma indifferente a qualsiasi cosa finisse nel suo campo visivo, dai lombrichi a Sophia Loren.

Però, però, anche perché ci sono certi tarli che mica basta spruzzare Flit, la cosa mi restò lí. Probabilmente le aveva fatto intendere «si vedrà, si vedrà» roteando la mano in un «fila subito al posto».

Di Rattazzi si sapeva che era sposato da migliaia di anni con una donna che gli era piú vecchia di un altro migliaio, Costanza, di nome e di fatto, e si vociferava che la chiudesse nell'armadio quando si andava a giocare da lui. C'era e non si vedeva, come la nebbia a Milano per Totò.

Dopo l'ultimo poker di primavera, che, finiti i soldi, pagammo con cambi d'orario, sostituzioni, deleghe ai collegi, non lo rividi per un bel po'. D'altronde non lo vedeva quasi mai nessuno: lui, al Beccaria, aveva il suo regno al terzo piano e arrivava e se ne andava per la scala antincendio, snobbando le uscite comuni e tenendo rapporti privilegiati solo coi bidelli che, diceva, erano migliori di noi. Eppure, nonostante il suo sprezzo, nessuno si era mai sognato di dirgliene dietro: lui era Rattazzi, quello dalla straripante cultura greca e latina, quello delle correzioni inappuntabili, dei giudizi senza appello, su professori, allievi, genitori. Qualsiasi dubbio si dissolveva in una massima: «L'ha detto Rattazzi».

Né a memoria d'uomo aveva mai chiesto a qualcuno qualcosa che somigliasse a un parere, non dico sulla vita privata (sarebbe stata fantascienza), ma neppure su quella professionale, che so io su un programma, un'interpretazione, che a tutti, pure a Platone poteva capitare. Se ne stava là nella sua torre, nella sua sezione A al terzo piano, sbuffando a ogni interferenza. I bidelli si giocavano a pari e dispari le circolari da portargli mentre era a lezione, ed entravano piegati come i romani alle Forche Caudine.

Credetti perciò di aver capito male quando all'improvviso, un giorno di maggio, Giorgio, quello del calcio in culo, mi fermò e mi disse, in verità un po' imbarazzato, che Rattazzi voleva vedermi nella sua aula.

– Ne sei proprio sicuro?

– No, non ne sono sicuro, ma mi pare di aver capito cosí. Bofonchiava.

Feci i tre piani, che a me la chiave dell'ascensore non l'avevano mai data, e bussai.

– Sí? – brontolò Rattazzi da dentro.

– Sono Vecchioni, volevi vedermi?

– Entri, entri Vecchioni.

Si metteva male. Quando Rattazzi dava del lei era imprevedibile e pericoloso. Lo avevo imparato al tavolo del poker: «Tu quante carte vuoi?» era una cosa, «Ah, lei vorrebbe farmi credere di avere un full» ben altra.

Chissà perché, entrando, mi aspettavo di vedere una classe diversa dalle altre. Ma non c'era nessuna differenza, mancava solo il crocifisso perché Rattazzi era anarchico, e sulla cattedra galleggiava un disastro di libri, prontuari, traduttori. Tutti aperti e in bella vista.

– Venga, venga Vecchioni, e legga qui, qui dove c'è il mio dito.

Per un attimo ebbi il terrore che mi volesse interrogare.

– Qui dove? – e intanto pensavo: «A che livello di rapporto siamo in questo momento: trottatori o galoppatori?»

– Ma insomma, qui! È forse cieco?

– Leggo, leggo: *mémnais', oı̃stha gàr ós se pedépomen*, beh, sí è il frammento 94 di Saffo, Voigt o Lobel-Page...

– Non stia a farmi lo spitinfio, Vecchioni, traduca.

Che mi avesse veramente preso per uno studente?

– Beh, «ricordati di me», me è al verso prima, «tu lo sai quanto ti amavamo»...

Non avevo ancora finito di parlare che lanciò un urlo disumano, mezzo rabbia mezzo risata, e non la smetteva piú; si affacciò alla finestra e si mise a gridare ai passanti:

– Ah sí, è cosí, ah, è cosí?

Gli è preso un colpo, pensai, ci siamo giocati Rattazzi. Mica si può insegnare greco quarant'anni e restare normali.

– Anche lei, anche lei! – si girò e con una manata scaraventò a terra metà dei libri. – O meglio, solo lei! Ma si può essere cosí ottusi?

Era in preda a una vera e propria crisi di nervi, e non avevo la minima idea di come fermarla. Lui sí, però. Perché se ne accorse, si ricompose ed ebbe pietà.

– Mi scusi, mi scusi, Vecchioni, ma una ragione c'è ed è grossa, ah se è grossa, cosmica direi, – fece una pausa.

– Come ha tradotto questo verbo, *pedépomen*? «Noi ti amavamo»? Al plurale?

– Certo, è un imperfetto plurale... ma, ma il verbo è eolico, in realtà sarebbe...

– *Métheipomen*, ma non è questo il punto. Il punto è che questa masnada d'incompetenti, di cialtroni, accreditati da melense case editrici, pubblicano note e notarelle di cui farsi vanto e delle quali agli studenti non gliene frega, mi scusi, un cazzo. Guardi, legga: tutti, non uno escluso, dai manuali scolastici ai libercoli con testo a fronte che cominciano a imperversare, sa come lo traducono questo plurale? Cosí: «Io ti amavo», come se fosse un plurale maiestatis, come se Saffo usasse per sé non l'io ma il noi, e lo motivano anche... Legga, legga qui: «Saffo parla solo per sé e il plurale è solo iperbolico». Tu sei iperbolico, un iperbolico stronzo. Lei avrà capito...

Qui lo fermai, perché non capivo affatto, o meglio non capivo piú se stava facendo sul serio o se ci trovavamo in una barzelletta assurda dove non si ride mai.

– Dunque, Rattazzi, mi corregga se sbaglio. Lei mi sta dicendo che in uno dei piú begli addii di tutta la poesia antica, nel momento magico in cui una ragazza lascia il tiaso piangendo in gliconei e trimetri eolici, che chi cavolo se ne frega cosa sono, Saffo la divina, lí in mezzo a un cerchio di allieve affrante, la saluta non usando un plurale maiestatis, del tipo «Noi, Saffo, ti amavamo», come traducono tutti, ma con un plurale vero, intendendo che sia lei sia le altre compagne l'amavano? Dico bene? È cosí?

– Sí, è cosí e non può essere che cosí, – rispose secco.

– E chi se ne frega, Rattazzi, – sbottai. – Abbiamo sopportato settemila pallosissimi versi di Apollonio Rodio, incomprensibili cori tragici traumatici, sfilze di teorie sull'essere e il divenire, romanzi pastorali che mai ammanniremmo ai ragazzi, per non dire di verbi nati da catastrofi linguistiche che al ginnasio mandan giú e tiran su; abbiamo tentato d'insegnare che non conta la nozione ma il senso, Rattazzi, lo spirito delle parole, e lei in questo universo di enigmi che ci hanno sbattuto in faccia i greci, spacca libri e cattedre e fa il matto alla finestra per un pelo di cavallo che tra l'altro le si è infilato in gola dopo anni che ce l'ha davanti? Ma chi se ne frega, Rattazzi, chi se ne frega se Saffo parla di sé o di tutte, non capisco, non realizzo dove stia il dramma; se qualcuno intende che sia un plurale maiestatis, ci può stare, ci può stare benissimo.

– Lei non capisce, è fuori tema, ma d'altronde scemo io a fidarmi di un interista, – e cosí dicendo buttava all'aria i pochi testi rimasti indenni, balzava alla lavagna, tirava su un mazzo di gessetti, tornava alla cattedra e ce li metteva sopra, dritti e in cerchio. Poi prese un fermacarte ad anello dalla tasca e lo mise in mezzo. Si abbassò a livello per constatare l'effetto.

– Questo qui in mezzo – il fermacarte – è Saffo... – tirò fuori una moneta e la infilò dentro, – e questa è la sua lira, il barbiton. Quelle intorno – i gessetti – scelga lei, sono Dica, Gongila, Anattoria, Arignota, Megara, insomma le allieve, quante ne vuole –. Poi, tocco magistrale, staccò dal gambo una margherita, sola sola, morente in un bicchiere, e la piazzò davanti a Saffo, cioè davanti al fermacarte.

– E questa è la ragazza che sta partendo e dice: «È incredibile quanto soffriamo», «quanto soffriamo», Vecchioni, non io e te maestra, ma io e noi tutte, perché questo è un congedo corale, plurale: il tempo del ricordo personale verrà dopo. E quando Saffo ci dice «io le risposi», mica usa un plurale. Saffo se parla di sé lo fa in prima persona. Ma Vecchioni, mi guardi, che cosa ci fanno tutti questi gessetti intorno, presenti, presentissimi, se Saffo e chi se ne va devono darsi un addio privato? E cosí non è. Infatti la divina si rivolge a lei cantandola, perché questo è un canto, non dimentichi: «Noi tutte ti abbiamo amata». Ma che razza di senso avrebbe che in un momento di tristezza simile, – e tirò su il fermacarte, – questa qui pomposamente dicesse: «Noi, Saffo, ti amavamo»? Mica è Maradona, Saffo –. E si riprese la margherita.

Ma non gli bastava:

– E bravo lei, Vecchioni, che mi ha sciorinato il suo pistolotto sullo spirito. Questo è spirito, la grammatica è tutt'altra cosa. Guardi, legga il verso dopo, quando, lí sí, parla di sé sola: cosa dice, eh, cosa dice? Dice *thélo ómnaisai*, «*Io* voglio ricordarti», singolare, prima persona, perché qui è finito il congedo, che è di tutte, e comincia la memoria che è solo sua.

Si buttò sulla sedia. Non si trattava – diceva ora Rattazzi con il suo silenzio – di una piccola, ininfluente, saccente interpretazione che eminenti grecisti avevano dato di un verbo. C'era un mondo dietro quel verbo. La bellezza, la magia della bellezza che quelle ragazze si passavano l'un l'altra, non tramontava nemmeno ai distacchi: il tiaso era gruppo per sempre; ovunque Anattoria e compagne scartavano l'indecenza, il fango, e tenevano stretto il brillio, si passavano questo diamante in continuazione e ne lasciavano una parte tutte, non solo Saffo, a chi partiva.

Ma mentre Rattazzi ansimava come un mantice, gli occhiali sghimbesci sul naso, mi colse di striscio la vergogna, quasi mi sentissi in colpa di esser lí a parlare di una cosa cosí lontana, dopo gli anni di odio, paura e battaglie che avevamo appena trascorso; al paragone di fabbriche chiuse, operai licenziati; al pensiero che altrove, Africa, India, Sud America, si soffriva di ben altro, di ben altro si moriva, che l'ingiustizia e la miseria venivano nascoste e taciute all'ombra di giardini dagli immensi fiori, e io ero lí a perdere il mio tempo con un pazzo scatenato, senza misura.

Ma non potevo capire, allora. Non potevo capire che quel diamante spartito agli addii e conservato tutte insieme nella tenerezza e nella forza delle sere e di un canto, non era solo un verbo, non era solo una ripicca infantile, lecita ma di poco conto, di un vecchio alle soglie della pensione, ma una grandissima metafora sulla povertà spirituale di ogni ignoranza, sulla terapia irrinunciabile della poesia umana inascoltata, derisa, minimizzata, ridotta a polvere. Per questo forse me ne uscii portandomi via tutti i gessetti e lasciandogli, perché era suo, il fermacarte.

Né potevo immaginare, in quel momento, che il frammento 94 l'avrebbe segnato per il resto della sua vita, diventando prima ossessione poi delirio.

Perché Rattazzi da quel giorno non tornò mai piú in sé.

Passarono gli anni. Lasciai il Beccaria per andare a insegnare a Desenzano e a Brescia, perché io e Daria ci eravamo stabiliti lí, coi figli piccoli.

Ogni tanto sentivo Bonamí e Giorgio, e su Rattazzi mi giungevano poche e cattive notizie. L'ultimo anno era stato piú assente che presente, come volesse cancellare gli altri quaranta che non gli interessavano, non gli appartenevano piú.

Mi scrisse Bonamí:

> Ormai la sua è una monomania, una forma di paranoia, e ne siamo a conoscenza tutti. Non fa che pubblicare saggi su riviste di quart'ordine su quel maledetto frammento: sappiamo che ha scritto a tutte le case editrici, in principio con modi cortesi, cordiali, poi via via sempre piú acido e sarcastico, lui che non offendeva mai, che non si metteva mai a confronto con chi credeva inferiore o sordo.

È diventato una barzelletta accademica, il rompicoglioni per antonomasia. Se qualche luminare all'inizio lo stava a sentire, negli ultimi mesi è scattato il fuggi-fuggi generale per il passaparola. Sono uscite, questo sí, su riviste importanti del settore (non piú di due righe) frecciatine, allusioni irridenti. «Rattazzi chi? Il nipote del ministro?» «Rattazzi si porta la sua rima dentro» ecc., non voglio tediarti.

Ora manco lo prendono in considerazione per la vecchia storia di Saffo: ora è lui, in persona, il bersaglio, il vecchio demente, il giocatore bollito. E che sia bollito, Roberto, è proprio vero. A poker ha smesso lentamente di giocare. Le ultime volte (sai quel suo sguardo che t'inceneriva?) non guardava nemmeno piú le carte, gettava sul piatto le fiches a caso e se ne stava lí senza una parola, di quelle sue taglienti che ci facevano sudar freddo, senza un gesto, uno scatto di rabbia. Aveva cominciato a perdere forte e, devo dirlo a malincuore, fummo proprio noi a fingere di non volere piú giocare. Non si arrabbiò, parve quasi sollevato.

Un mese fa è svenuto per strada e neppure sapevano chi fosse, perché non aveva documenti addosso. Per fortuna gli hanno trovato in rubrica due numeri di telefono. Uno era il mio e mi hanno chiamato. Ma poteva capitare anche a te. Era il tuo, il secondo numero.

Quando siamo usciti dall'ospedale, io e la signora Costanza (ti ricordi com'era? Una larva, adesso...), beh, lei mi fa: «Grazie, ora prendo il tram». L'ho accompagnata io, era tardi, faceva freddo.

Lo studio di Rattazzi era irriconoscibile. Fogli accatastati, volumi strappati, saggi sottolineati, lettere scritte e mai spedite, lettere ricevute e mai lette. Perché ne bastava una, le altre erano uguali.

Mentre la signora Costanza mi preparava il caffè, io quell'unica aperta l'ho letta, e ho provato tutta la vergogna che doveva aver provato lui dopo una vita di «l'ha detto Rattazzi»; tu non t'immagini nemmeno cosa non gli hanno messo in bocca e di quali bassezze lo hanno accusato. Tutta la sua vita privata al macero: ubriacone, biscazziere, pedofilo, fascista, e c'erano le firme di molti genitori della A.

Non ti voglio intristire oltre, spero che all'Arnaldo ti trattino come meriti. Noi (plurale maiestatis) saremo invecchiati un po' ma il latino son bretelle e il greco una cintura per non dar via l'ultima dignità. Se avrò qualche nuova ti scriverò. Ma la vedo brutta, Roberto, proprio brutta.

Due mesi dopo Rattazzi morí al Fatebenefratelli di Milano.

E mi montò su tutta la rabbia, tutto l'affetto accantonato nel ricordo, com'era giusto che fosse. Chiesi che il liceo fissasse un'ora di un pomeriggio qualunque per commemorarlo, Rattazzi, senza chiasso. Che ci venisse solo chi lo ricordava com'era e se ne stessero alla larga curiosi e accademici. Mi proposero una stanzetta riservata, non al liceo, per carità, un po' fuori mano ma in un posto dignitoso. Non se ne parla nemmeno, andai a rispondergli di persona, perché a un certo punto basta lettere, fax, telegrammi, a un certo punto si va. Feci un tal putiferio che se lo ricordano ancora. E per fortuna qualcuno dalla mia parte ce l'avevo. Ottenni di presentarmi un tal giorno a una tale ora e mi avrebbero dato la «sua» aula, il tempo di un saluto e chi c'era c'era. Di ufficializzare la cosa non se ne parlò nemmeno.

L'aula era piena. Piena che si sentiva il brusio già dal primo piano. E cominciai a incontrarne già molti sulle scale, dei vecchi allievi, quelli che scappavano al cesso per fumare, quelli che bigiavano per la strizza, quelli che copiavano sempre e quelli che lasciavano copiare, quelli che si prendevano una sbandata al giorno, che contestavano, che aprivano i libri a maggio, che non leccavano, non sviolinavano, quelli miracolati alla maturità e che sognavano qualsiasi cosa ci fosse da sognare, che non citavano, non sciorinavano, non frignavano, non chiedevano pietà, ma tutti, indistintamente tutti con l'antologia di Rattazzi in mano aperta alla pagina del frammento 94, e diretti in silenzio verso una stanza che era un altro mondo.

E quella massa silenziosa parlava da sé. Diceva che non c'era, non c'era mai stata nessuna contraddizione tra i fatti che agitano gli uomini e i versi che li raccontano. Che uno splendido verso antico che parla d'amore – e non di un amorazzo, noioso angolo privato, affare a due perfino borghese – può espandersi a toccare tutto, tutti, come un contagio. E sommergere il potere, l'utile, facendo risuonare le miserie e le ingiustizie. E che se cosí fosse, tutto sarebbe ancora possibile e, forse, tutto è ancora possibile.

Non lo ruppi quel silenzio, non dissi niente. Perché pensavamo all'unisono, eravamo in coro, un vero plurale, mica un plurale maiestatis.

Una figuretta si fece avanti a fatica tra i ragazzi. Era la moglie di Rattazzi. Fu l'unica a parlare. Mi consegnò una busta rosa chiusa.

– L'ha portata una ragazza per lui, il giorno che se ne è andato.

Fuori c'erano gli alberi, la scala del mio primo giorno da insegnante e Giorgio che finse di rifilarmi un calcio.

C'ero io con la busta rosa tra le mani. L'aprii, e lessi: «Ora ho diciott'anni e ti amo».

Postilla.

Qualche anno fa – era da un po' scoppiata l'invasione di classici con testo a fronte – lessi di una splendida antologia lirica curata dai piú grandi grecisti italiani e corsi alla Feltrinelli a comprarla. Già dal packaging era bellissima, e conteneva pure un cd con letture di attori famosi. Non ci pensavo nemmeno piú al frammento 94, però la curiosità mi venne. La sfogliai e lo trovai.

I versi sette e otto suonavano:

E io a lei risposi
«Parti serena e ricordati
di me, tu lo sai
quanto ti amavamo»[1].

[1] L'intuizione del plurale è dovuta al professor Emilio Rattazzi, perché qui Saffo parla a nome di tutto il gruppo di ragazze, di tutto il tiaso.

E questa è stata felicità.

Io sono nelle parole

Io sono nelle parole
come un figlio nell'utero,
il baco dentro il bozzolo,
l'uccello appena nato
al nido, la notte
che fa spazio all'aurora.

Sono nelle parole
come un balcone al cielo,
come la barca al mare,
il lampo al genio e
l'ovvio all'imbecille;
la sfida al ribelle, il pianto
all'addio, il sognatore al sogno,
il giocatore alla carta
ancora coperta, che se perdi
o vinci non sai: sono
nelle parole come il sibilo
d'amore mentre
cavalco i tuoi adorati fianchi;
come il cuore alla spina,
o lo scoglio che è un'ansia
dopo un colpo di mare
per le prossime onde.

Io sono nelle parole
come un puledro al prato,
l'astronomo alla stella,
l'idraulico al tubo riparato,
come la vanga al campo,
il lift all'ascensore,
il delitto al castigo,
il rosso al pomodoro,
l'aspirina al dolore:
sono nelle parole
come avverti un nitrito
e non vedi il cavallo,
segui tracce nel fango,
segui tracce di neve:
la fiaba di tua nonna
che non sai piú la fine,
una partita a scacchi
bloccata sullo stallo:
ma sei tu che non parli
o io che non ascolto?
Essere nel silenzio
in un giardino di storia
e sopra un chiasso inutile,
e sopra fan baldoria:
sono la finta di Messi
comunque vada il tiro,
un faro senza isole
che spande luce in giro.

E sono in me le parole
come accecanti luci a sfottere la tenebra
e innamorate voci a misurare il vero,

ricordare il futuro, perse nottate terse
a dare un nome a cose,
a sciogliere un gomitolo,
a sfogliare una rosa.

Le sento addosso, mi piegano
per venir fuori e nascere,
star lí, significare.
E le sento, le voglio, sono mie,
acqua tra le mie dita, gocce
a lavare il viso, meraviglia
a me stesso di sentirle di seta
o di lino o di grasso cotone
raspanti e lievi all'incontro
che modella al suono e al canto
degli accenti per dire ora riso ora pianto.

Vivo con loro, me le porto
sotto le coperte e ci gioco
come alla carezza
di donna ritrovata e pianta,
perché tu non puoi lasciarmi, parola,
perché ogni parola è una vita che mi cambia.

E poi sei sola.
Da infiniti diluvi di paesi e genti
sei rimasta incomprensibile, e sola,
ferita, morente, lontana parola,
amore mio.
Trovarti che sei tu la vera, tu quella,
non altra, tu sola, mi divide il cuore
in due sogni che uno resta e uno vola,
e quando mi raggiungi,

e quando mi esci fuori
– a parte che mi dico che bello che è beccarti –
sei mia madre e mia figlia
in uno stretto tempo
di grovigli sonori.

Che Dio mi dia da morire
mentre trovo una parola:
non importa se in macchina,
affogato, o perché il sangue
confonda distratto l'atrio
e il ventricolo del cuore;
non importa se tenendomi a una mano
o soffocato dal dolore:
che Dio mi faccia morire alla vendemmia
della parola migliore
per la metafora perfetta
che una volta e per sempre
definisca l'amore.

Two meglio che one

Che poi quale sia stata veramente la storia non è dato saperlo, perché figurarsi se qualcuno si metteva a spifferarlo a destra e a manca: lo scandalo era bello grosso e c'eran di mezzo due nobili famiglie, guelfe per giunta (scomunica e rischi vari), e allora niente, non è successo niente. Solo dopo trent'anni uno sconsiderato anonimo piglia e ti scrive: «Accadde caso cosí facto che el dicto Gianne Sciancato trovò Paulo so' fradello cum la donna sua et habelo morto subito lui et la donna», a cui fece eco la *Cronaca malatestiana* del quindicesimo secolo, grosso modo con le stesse parole.

Lo Sciancato in questione era Giovanni Malatesta, zoppo appunto, e, pare, grand'uomo di governo, ma a lume di naso pure notevolmente stronzo. E Paolo è proprio quel Paolo di «amor, ch'a nullo amato amar perdona», quello che gli mette le corna.

I giovani amanti muoiono quando Dante è poco piú che ventenne: un episodio destinato a segnargli la memoria. Dante intuí subito che quei due non erano due amanti qualsiasi. Poteva benissimo andar a pescare dal mazzo drudi e fedifraghe a iosa, ben piú lussuriosi, piú adatti all'Inferno. Ma con Paolo e Francesca era tutt'altra cosa: lí c'era, con la colpa, imperdonabile a quei tempi, la segreta commiserazione che avrebbe preso tutti, e la pietà che si veste d'altissima poesia.

Dante aveva conosciuto Paolo a Firenze, quando era capitano del popolo, e sapeva di Francesca, quella ragazzina di appena quindici anni raggirata, ingannata. E se l'era immaginata lí, al porto di Classe, ad aspettare col cuore in gola, ritta nel molo, che arrivasse da Rimini lo sposo che nemmeno conosceva: ed ecco, ecco che vede, bello come il sole, a prua della Tartana, Paolo, e le freme l'anima, le s'illuminano gli occhi, poi un piccolo grido come di un uccellino che la timidezza non nasconde. Lei non sa, non può sapere che Paolo lo sposerà solo per procura, e che il suo vero marito è un altro, il fratello maggiore, Giovanni Malatesta, lo Sciancato. Certo è che s'innamorarono subito, a prima vista, Paolo e Francesca.

Ma non c'era partita in un cast famigliare che contava uno zoppo, Giovanni, e un guercio, Malatestino, guercio sí, ma che ci vedeva benissimo quando c'era da spiare gli amanti e spifferarlo al fratello. La storia veramente sa solo dio com'è andata, forse non è nemmeno questa, forse a quei pochi che la videro da fuori, in trasparenza, consiglieri, confessori, parve soltanto una squallida, vergognosa tresca ingiustificabile, un affronto all'amore, alla dignità.

Ma Dante sapeva che non era cosí, e lo sapeva meglio di lui perfino Boccaccio, quel cialtrone non credibile ma intuitivo, rielaboratore di quella notte, l'ultima notte degli amanti, tra fantasia ed emozione, bugiardo fino a raccontarla come gli pareva, innamorato di quell'amore piú che a Dante consentisse la sua religione, innamorato di Francesca.

Ma anche Dante sapeva che non era stato cosí. E io, anch'io adesso lo so, perché una lapide a Santarcangelo me l'ha fatto capire: che almeno una persona, una, c'era stata, che quella storia la conosceva da dentro, dall'anima, dalle attese segrete e impazienti, dove ogni attimo è un'eternità: lí a spiare dai vetri della sua piccola piccola stanza; troppo bambina allora per intendere, troppo vecchia dopo per dimenticare sua madre. Io lo so non perché sia scritto da qualche parte o per cieca fede puerile. So che tutto questo passò per giorni e giorni nella mente di Concordia Malatesta, la figlia di Francesca, nell'inesorabile assenza che lei stessa volle imporsi, chiudendosi nel monastero delle clarisse a Santarcangelo. Perché non c'era piú niente da vedere o sapere là fuori. Perché la vita, quella che chiamano vita, è l'intervallo tra un amore infranto e riunito o riunito e infranto e il ricordo è la pena, «nessun maggior dolore che ricordarsi del tempo felice nella miseria».

E su quella lapide a Santarcangelo sta scritto che lei, Concordia, ha trascorso i suoi anni «con un sorriso di lacrime». Continuamente infranto e ricucito. È per questo che ogni volta che passo per Rimini vado a rileggermela, questa lapide. O se ho dieci minuti passo, passo soltanto senza fermarmi davanti a Gradara, cosí, solo per guardarmela da fuori la rocca, anche se poi non è lí, non è quello il luogo. Poi faccio dietrofront a Pesaro e me ne torno indietro. I turisti a Gradara se li intortano con le palle piú subdole: «Qui si incontravano gli amanti», «Questa è la botola», «Qua è caduta Francesca», e via dicendo. Una volta una guida m'indicò perfino il chiodo dov'era inciampato Paolo prima della coltellata. Naturalmente i ristoranti si chiamano tutti *Paolo e Francesca*, che forse era bene numerarli, uno, due, tre; non parliamo poi dei souvenir, baci ardenti sui posacenere e sui candelabri, targhe magnetiche, bloc-notes, manca solo la boccia di vetro con gli amanti sotto la neve. Ma non è per questo, ovvio, che passo di lí. Ci vado per chiudere gli occhi e immaginare, perché anche se Francesca non è morta lí, è lí che ha vissuto, è lí che deve avere sognato. E io è come se la sentissi, perché mi capita sempre cosí, sento tracce, mi capita ad Atene, a Leptis Magna, Paestum, Pompei, Firenze, Roma, ovunque ci siano. E cosí, anche quel giorno che avevo un concerto a Rimini, e un concerto a Rimini è sempre speciale, passai a guardare Gradara da lontano, prima delle prove.

Tirava una brutta aria di pioggia, erano tutti preoccupati, ma non venne giú nemmeno una goccia. Piazza Cavour era strapiena da due ore, che non so veramente cosa fa e come fa la gente in tutto quel tempo dove non succede niente e nessuno mangia o si sposta di un metro: i bambini in carrozzina sembrano chiedersi cosa cazzo c'entro io qui, meravigliose le donne, le ragazze romagnole come ogni donna, ogni ragazza in attesa. Io vivevo la stessa attesa, ed ero emozionato come sempre, come lo sono ovunque. Non ricordo piú nessuna canzone e vorrei essere da qualsiasi altra parte con un qualsiasi altro mestiere che non mi metta addosso questo magone. O su un ascensore, su e giú dal pianterreno all'ottavo piano e ritorno. Tiro piú in là possibile, perché la conosco questa mia paura, perché tanto è cosí sempre e poi mi passa, anzi si ribalta, si trasforma, quando salgo i primi gradini per il palco divento un altro, l'altro che non so piú se ero prima o sono adesso, l'altro che mi sento addosso all'urlo e all'applauso; c'è una violenza, un'urgenza di tutti i sentimenti che ho compresso dentro e che non ce la fanno piú e devono schizzare fuori, liberarmi, farmi felice. Perché io quando canto sono felice. Quando canto abito le canzoni come una casa, casa mia; ogni verso è una stanza, le finestre, i tappeti, e l'ultimo che arriva sono note e ogni volta è come se le conoscessi lí per la prima volta, toccarle, stringerle, amarle, loro cosí piccole e sconosciute, cosí mie. Non esiste il tempo su quel palco, non c'è piú memoria, tutto è adesso. L'amore e il dolore si riaccendono come a soffiare su braci, ogni rivo nascosto, sotterraneo, trova il suo passaggio e bagna la terra, e se piú forte, piú represso, la inonda. Quando canto sono felice: è come mi riflettessi in uno specchio fedele, non spezzato, non deformante; mi vedo come vorrei essere veramente e invece non sono. Nessuna stanchezza, tristezza o paura, solo questa forza invincibile che nemmeno io so come faccio ad avere, che mi viene da tutti gli amori in congiura, e Daria per prima, e i figli, e i compagni e gli amici, e chi vorrei conoscere e non conosco, e gli uomini poi, tutti, grandi e disperati ad attraversare la storia; finché non sono piú io, quello dello specchio, e forse mi faccio tanto male che non so quanto posso resistere ancora, perché ho maledettamente voglia di piangere fino a stranirmi e tengo stretti i pugni e ringrazio il cielo di non avermi messo su un ascensore su e giú dal pianterreno all'ottavo piano e ritorno. Sono quarant'anni che va cosí. Mai una volta che possa tirare il fiato e dirmi: «Adesso canto e basta». Non ci riesco. Mai una volta che un concerto sia una passeggiata in un paesaggio, da uscirne senza stranguglioni e mancanza di ossigeno. Non so come fanno gli altri. Mi auguro per loro che abbiano specchi piú appannati, e comunque meno impietosi. Io sono cosí.

Fu cosí anche quella sera. «Post coitum omne animal triste». E anche allora calò di colpo la tensione, si presentò la stanchezza con nome e cognome, perché dopo è come risvegliarsi in un deserto con una gran sete, e in piú avvertire i miraggi che hai attraversato, perché alla fine non c'è piú quel che hai detto, le parole tornano illusioni e si ripongono alla rinfusa nella scatola. Loro camminavano lí, nella meraviglia di sentirle. Chiudi la scatola, per un'altra volta, per un'altra persona. Lí si richiudono le parole, si nascondono, le rivedrai sul palco; oltre è la vita, la paura di essere uguali a tanti, di non capire, di esserne fuori. Loro, le parole, le marionette, vivono la loro piccola danza. Il tempo tira i piccoli fili e tu presti la tua sgangherata anima da burattinaio sapiente, per tutti i bambini che fanno oh e credono veri il ladro e il gendarme, la principessa e il buffone, insomma la vita, come te la fanno vedere lí dentro, in quel teatrino.

Era passata mezz'ora o forse piú dalla fine del concerto. Si era prima diradata, poi era svanita la fila dei commiati, dei sorrisi, delle firme, dei selfie, che oggi se non fai un selfie non sei nessuno: una foto non ha tempo, una posa è un secondo lungo un anno, e dentro ha tutti i falsi improbabili abbracci, quelli che non ci sono mai stati.

Ero lí, in quella solitudine metà vera metà falsa in cui ti meravigli di non pensare a niente e poi stai per andare, stai per voler dormire: ero lí che me ne stavo a guardare tutti i biglietti lacerati nell'aria e ricaduti, una coperta di «ho voluto ascoltare» disseminati sulla piazza, lí col sigaro finalmente acceso, il respiro tornato normale, la scatola delle parole sottobraccio, pronti e via, che lei appare. È lí, immobile nel taglio della tenda d'ingresso, in attesa, fuori tempo, fuori luogo, minuta, fragile, sgraziata, l'ultima e in ritardo, cosí in ritardo che manco penso mi stia cercando, no, no, adesso basta, adesso sono stanco, voglio andarmene a dormire. Ma resta lí, non fa un passo nel taglio del tendone, come dovessi accorgermi di qualcosa, dovessi sapere chi è e invece non lo so, figurarsi se lo so a quest'ora, mezzo svuotato, pieno di sonno come sono. Lei mi guarda, non grida, non si muove.

Guardo anch'io, non mi toglie gli occhi di dosso. Cosa avrà, sessant'anni? Di piú? Cerco tra i piccoli ricordi, strizzo le palpebre al buio. Chi sei? Che ci fai qua? Il tempo è scaduto, chi ti ha fatta entrare? Ti conosco? Io non ti conosco. E poi lo so. In un lampo lo so. Perché è Tatiana quella lí, trenta, quarant'anni dopo, Tatiana e Grazia, tutt'e due, perché non so dividerle, perché erano state una cosa sola, quanti, quanti anni fa. Tatiana e Grazia. Le parole prendono a ballare nella scatola e danzano la gioia del tempo. Le parole non sono qui, ma dall'altra parte di un oceano a girare in un vortice a ritroso, rivedere all'incontrario figli, applausi, cadute, amici, addii, e poi piú giú, piú in là, come ombre che ho amato e perduto. E io scendo, scendo, e loro risalgono, mi sfiorano, sbiadiscono dai finestrini di un treno. Torno là e là è in qualche tempo, c'era Carlo, Carlo Coccioli, che mi aspettava al mercato di Forlí per suonare e cantare, sono in ritardo e scavalco le transenne. – Dove crede di andare? – Sono Vecchioni, mi faccia passare, io canto! – E io ballo, – mi fa il servizio d'ordine sghignazzando. Eh già, chi lo conosceva allora questo Vecchioni? – Qui si paga, caro il mio paraculo –. Sarà stato il '75, il '76? Due chitarre e via, un'ora di canzoni sconosciute, che non serviva allora una scatola, non ce l'avevo una scatola.

E fu lí che per la prima volta le incontrai, Grazia e Tatiana, una bruna, pelle scura, profumo di menta, l'altra bionda, riflessi di luce; meravigliose, scatenate, incontenibili, gioia di vivere, da subito amiche, sorelle, anime uguali: Tatiana e Grazia, il vino, le strade, la notte abbracciati a ridere, anzi, sghignazzare: un covo, un rifugio, una scala per le nuvole... lasciami le chiavi, teniamoci le chiavi noi tre soli e chi se ne frega del sesso, il sesso si fa con le altre: con Grazia e Tatiana è di piú, è tornare bambini, è la casa nel bosco.

E cosí fu da allora. A quanti concerti non sono venute? Sempre loro due, mai con un ragazzo, che pure dovevano averlo, un ragazzo. Oh sí, me li raccontavano gli amori, gli scazzi, le sbandate; e il loro lavoro, i genitori, i padroni, e Rimini. Si andava via a braccetto, una di qua l'altra di là: – Niente prove, sai già tutto a memoria, e poi a te le prove fanno male, se le fai canti peggio –. E si camminava avanti e indietro per il corso, sulla spiaggia, e poi il ponte di Tiberio, Castel Sismondo che c'è pure Brunelleschi dietro, e il Tempio malatestiano, l'Anfiteatro, fino all'Arco, quello di Augusto, che mostravano con orgoglio, e io stavo lí incantato a guardarlo, perché spiegavo: – Io vengo da là, sono nato ora per sbaglio: io sono lontano, tra quei muri, quelle pietre, – e chiedevano e raccontavo dei romani, raccontavo dei greci. – Ma tu che fai? Dove vivi? Hai una figlia! E tua moglie? – No, mia moglie non c'entra. – E sei felice? Sei triste? – A volte è la stessa cosa. – E adesso? – Con voi sí, con voi sono felice –. E intanto pensavo: «Con loro è come vivessi un'altra vita, un giorno ogni tanto e poi piú niente per mesi. Non voglio chiamarle, incontrarle in altri posti, in tutto il resto del tempo, perché loro devono rimanere là a Rimini. Loro sono un altro mondo, quello dagli occhi chiusi e le voglio cosí: cartoline infilate in un libro, anellini d'oro in un cassetto chiuso a chiave. Loro sono mie e di nessuno: la stazione in cui scendi ogni tanto e ti compri un panino o il giornale che parla solo di quella stazione, e il sorriso d'intesa di chi fischierà la partenza, tutto quello che è unico e non si ripete, e se forse nel tempo quel treno durasse, uscisse da quell'unico binario solitario, sbagliasse uno scambio, finisse altrove in altre reti, in altre ancora, non sarebbe piú quel treno, non andrebbe piú a carbone con gli indiani che gli girano intorno e non lo prendono mai».

Poi venne il '79, la grande tournée, avevo fatto il gran salto, avevo venduto, e tanto. C'era stata una vicenda che mi aveva messo al centro dell'attenzione pubblica, una falsa accusa, uno spinello mai dato a un ragazzo di Marsala, un processo. Conobbi i teatri pieni, i palazzetti stracolmi. Si erano fatte le cose in grande, con me c'era una vera band, e che band! Pagani, Calloni, D'Autorio, Paoluzzi, Pascoli, Mike Fraser, i piú grandi. Passati i tempi che io e Caccioli ci dovevamo girare tutta l'Italia da soli sulla mia A112, chitarre sulla testa, senza nemmeno sapere dove cazzo erano tutti quei paesi.

Fu meraviglioso e spaventoso fin da principio, perché a tutta quella celebrità non ero proprio preparato e nemmeno poi cosí portato, e passavo piú tempo a scappare e a nascondermi che a cantare.

E fummo a Rimini. Non le vidi, non si fecero vive. Alle prove le cercai con lo sguardo per tutta la piazza, sotto i portici nelle vie d'accesso: niente.

Non era mai successo: in tanti e tanti anni le avevo sempre viste spuntare, e per prime, chioma bruna, chioma bionda, e abbracciarmi d'impulso. – Sei qui! – Ancora? – E il treno a carbone? – e giú a ridere. E a non pensare.

Stavo male, in quel periodo. Stavo male dentro, perché quello che avevo creduto un amore, lassú a Milano, amore non era, o forse ci si sbaglia, o forse deve andare cosí per consunzione, ed era e sarebbe sempre stata la maledizione dell'*Ultimo spettacolo*, perché tu giri e vai, tiri fuori l'anima sul palco ma sei via, sei via, e quando torni la prima volta è tardi, poi sempre piú tardi, finché non la trovi piú. O forse non era stato nemmeno cosí, ma semplicemente un inganno coperto dall'entusiasmo prima, dal «non voglio sapere» dopo, finché il ponte si alza e le stelle tornano a essere solo stelle, perché mica son lí a brillare per te, e anzi è probabile che non ci siano nemmeno o che la luce la veda solo tu.

Ero lí, tra la fine di un amore e l'inizio di una fulminea popolarità, ero ancora lí, a Rimini, e Grazia e Tatiana non c'erano.

Cantai, dimenticai, ricordai altre sere, altri visi, altri anni, altri sogni a tempo fermo, verticale, quando ogni cosa mi salta addosso nello stesso istante, bene e male a un incrocio di scarsa luce dove non è chiaro a chi spetti la precedenza, e mi sveglio appena prima che si scontrino.

Poi finalmente arrivano, a sera tardi, dopo lo spettacolo, e baci, abbracci, e vi aspettavo, e dove siete state, e dài andiamo a bere insieme, fa nulla, mi racconterete.

Ma c'era, quella sera, qualcosa di diverso in loro. Qualcosa che stonava, non capivo bene dove, nei gesti, nell'abbassare il capo, in accennate e represse nervosità. Non erano le solite Grazia e Tatiana, sembravano persino impacciate, loro, e con me! che non c'era mai stata un'ombra e sempre solo quella grande esclusiva amicizia cosí fuori dal mondo, da ogni banalità e finzione.

Grazia guardava altrove, quasi avesse vergogna, Tatiana si girava di qua e di là, si tormentava le mani in continuazione. Pensai per un attimo: «Non mi riconoscono piú ora che mi conoscono in troppi: sono venute a dirmi questo», e sentii una morsa al cuore. E a dirmi qualcosa ci provavano, ora l'una ora l'altra, ma non capivo cosa: partiva un «Senti...», partiva un «Sarebbe...», e subito s'interrompevano. Poi finalmente Tatiana, che era la piú schietta, tirò fuori tutto d'un fiato: – Abbiamo pensato che una di noi due stanotte deve fare l'amore con te, scegli tu chi, – veloce veloce per paura d'ingarbugliarsi con le parole, di non essere capita.

Potevo rispondere no, potevo rispondere: «Ma siete

impazzite?», ma non lo ebbi, questo riflesso, o lo ricacciai indietro, perché ero solo, perché ero triste, perché quella notte avevo un bisogno sovrumano di stringere un corpo, di sentire caldo, di baciare veramente sentendo un altro bacio di ritorno, e non pensai, non mi venne neanche in mente di dire: «Tutt'e due, venite tutt'e due», forse perché non volevo una festa e non volevo il solito gioco che io e Grazia e Tatiana eravamo una cosa sola. Desideravo un'unica donna, mia senza distrazioni, risatine, ché cosí sarebbe finita, e senza sdoppiarmi, allargarmi, spandermi. E scelsi Grazia.

Ora lí, nella fessura d'ingresso delle tende, a spettacolo finito, Tatiana sorrideva. Tatiana, quanti anni hai? E mi ripiombò addosso tutto quel maledetto tempo verticale che mi perseguita nell'ammucchiarmi sempre dentro alla rinfusa passato, presente, futuro, e le rividi, anzi la vidi proprio come fosse lí, con la mia giovinezza di quella sera, dire: «Va bene» e sentirsi la bufera nel cuore.

Cosa hai fatto allora? Sei tornata a casa? Sei rimasta sotto quell'albergo tutta la notte? O sulla spiaggia a guardare il mare? Cosa cavolo devi aver provato che io manco ci ho pensato?

«Una di noi due»: cos'era stato? Uno dei nostri giochi anche quello? No. Si era proprio spaccato il mondo quella notte, era finita un'infanzia. Oppure è solo che non c'è scampo, prima o poi l'amore vuole farlo, l'amore, non si può essere insieme signori delle favole e giullari della vita. Tutte quelle fantasie di essere diversi, noi, solo noi, *plof*, ecco che cade il vento, ci sfugge di mano l'aquilone. Chissà quando l'avevano capito, chissà come se lo erano dette e con che ansia, con che timore.

E adesso Tatiana se ne stava lí, quarant'anni dopo, nella fessura del tendone, e io mi sentivo stupido, inadeguato, codardo, perché ero stato io a spezzare quell'incantesimo. La guardai e riguardai, non diceva una parola, e io invece volevo che parlasse, tirasse fuori qualcosa, qualunque cosa, «Sono Tatiana, io sono rimasta, sono andata al mare, a letto, a ubriacarmi, non fa nulla, io ero felice lo stesso».

Mi avvicinai piano piano, perché non scomparisse, la presi tra le braccia e la strinsi forte da sentirne le ossa piccole piccole e il cuore battere. E la baciai, sulla bocca: un bacio lieve, aereo, breve, di un amore antico. Poi, sciogliendomi dall'abbraccio: – Scusa, – mormorai, – scusami –. E lei non seppe – e neanch'io sapevo – se le chiedevo scusa per quel bacio o per la notte di quarant'anni prima.

Come fare a pezzi il destino

Tutto cominciò quando ebbi la bizzarra idea di propormi come presidente di commissione alla maturità in un anno e in una città che non posso dire e se ne capirà il perché.

Per anni, ai primi di giugno, ero stato in fibrillazione nella misurata angoscia di essere chiamato in qualche liceo come commissario esterno, per latino e greco.

Una commissione d'esame è un gioco di ruoli, un'anomalia: si mettono insieme persone che non si sono mai viste e conosciute, figurarsi il feeling. Ognuno insegna a modo suo, ha le sue fisime e fissazioni, i suoi livelli di giudizio e pure i suoi sbalzi d'umore, ma, una volta formata la commissione, per un inspiegabile stravolgimento dell'io, e perché il gruppo media e il leader plagia, nessuno è piú se stesso. Si trovano già tutti d'accordo alla riunione preliminare, per idee, modalità e criteri, come alpini a un raduno sul Grappa. Persino quelli che interrogano a tradimento, o gli «a te ci penso io, brutto lavativo», vengono colti da una ventata di buonismo permissivo, perché fa figo fare i buoni con gli studenti degli altri.

In verità questo mettersi insieme alla cacchio, tu col tuo castello a Gallipoli, tu coi tuoi tortelloni alla zucca a Mantova, produce un effetto a catena di finzioni e ruffianerie con lo scopo di piacere agli altri, perché ogni gruppo, qualsiasi gruppo, figurarsi se di estranei, mette in scena la spersonalizzazione a vantaggio della corporazione. Una mortificazione di venti giorni.

Io credevo che fare il presidente fosse un po' come mettersi super partes, guardare dall'alto, evitare colloqui, delegare. Credevo. Ma scoprii quel che non avevo mai sospettato. Che tira qua, aggiusta là, nessun docente dopo un'ora era piú se stesso. E che il gruppo era gruppo per fiction: recitava come alle prove generali di una commedia che non avrebbe mai rappresentato; che insomma il gruppo non agiva, progettava, non concludeva, avviava; e insomma di responsabilità manco a parlarne: non siamo certo qui per questo, con quel che ci pagano poi. Ai cloni (perché questo era ognuno di noi rinunciando a se stesso: ognuno era a piacimento l'altro o l'altro ancora) non è richiesta volontà né responsabilità. Ci pensasse il presidente a far funzionare lo Stato. Cioè io.

E cosí, anche se non ero piú costretto a subirmi umorismi d'accatto e ciacole da strapaese che tutti fingevano di ascoltare curiosi, mi trovavo comunque in un bel guaio. Stavo già pensando d'inocularmi un virus, quando conobbi il membro interno. Era un uomo giovane e insieme antico, mi piaceva. Non compagnone, non di quelli che vogliono a tutti i costi fare i simpaticoni, quasi gli studenti fossero merce da vendere magnificandone la convenienza, il buon rapporto qualità-prezzo. Tutt'altro. Il professor Solero usava le parole come conseguenze delle idee, non ammiccava, non riempiva il vuoto di enfasi: motivava con garbo e non nascondeva le magagne della classe. Aveva due occhi azzurri sproporzionati alla Max von Sydow nel *Settimo sigillo*, quando il crociato guarda la morte e non la teme. Non sprecava i gesti, non perorava, non raccomandava, semplicemente spiegava. E spiegò la sua classe con un respiro d'amore cosí misurato, quasi a celarlo, che fu come lo vedessi lí a girare tra i banchi tra i suoi ragazzi, a raccontare credendoci, per farli credere.

Un vero educatore lascia fuori tutto dalla porta quando entra in una classe e comincia a raccontare, mi viene da dire cantare, cos'è l'uomo e la sua storia. La sua calma esprimeva forza, non debolezza. Ma è facile fraintendere. Tutti pensarono di farselo su come volevano: «anonimo», «né carne né pesce», «non ha le palle». Ma ce le aveva eccome: non quelle per mercanteggiare e barattare, altre palle. Quelle che certi insegnanti avrebbero voluto eccome, e non avevano.

E lo avrei scoperto proprio lí, negli ultimi di quei venti giorni che non dimenticherò mai.

Non scriveva. Erano passate quasi due ore dall'inizio della prova d'italiano e non aveva scritto una riga. Se ne stava lí, gli occhi piantati al soffitto e le lunghe mani poggiate sulle cosce, non un movimento. Gli ero passato accanto prima incuriosito, poi perplesso, infine preoccupato. Non aveva mai cambiato posizione, che so, mosso un braccio, girato il collo: fermo, immobile come un tronco.

Anche gli altri commissari l'avevano notato. Gli si erano avvicinati, avevano chiesto cosa non andava. Aveva scosso leggermente il capo: sto bene. Solero no, lui girava altrove, lontano, silenzioso, come se la cosa non lo riguardasse affatto, ogni tanto gli lanciava un'occhiata per poi chinare la testa e riprendere a girare con le mani dietro la schiena.

L'atmosfera era del tutto serena: non si era verificato nessun intoppo, né alla lettura dei titoli, delle tracce, né dopo. Tutti a testa in giú, penna in mano, con le dovute pause. In pochi si erano alzati a chiedere spiegazioni o il permesso di andare in bagno. Le due colleghe presenti, vista la calma piatta, da un bel po' se ne stavano appoggiate alla cattedra a scambiarsi sottovoce aneddoti sulla vita privata, scostandosi appena se qualcuno veniva a prendere un foglio supplementare.

Mi avvicinai anch'io al ragazzo, ma restai solo a guardarlo, non dissi niente; se lo avesse voluto avrebbe parlato lui, la premura è una forma d'invasione. C'è chi per risultare umano non fa che preoccuparsi per te, e tu vorresti esattamente il contrario.

Era uguale a tanti ragazzi, né piú né meno: molto alto, t-shirt con Springsteen, scarpe da ginnastica, capelli cortissimi, curati, sopracciglia mediterranee, occhiali sul banco. Sentí la mia presenza e mi fissò per un attimo. E in quel preciso momento capii che era schiacciato da un peso, non sapevo quale, non sapevo quanto grande, ma lo capii.

Poi cominciò a piovere. Il ticchettio sui vetri (eravamo in una palestra panoramica) fu presto fastidioso, si scatenò il temporale e come per la legge dei vasi comunicanti anche dentro si ruppe il silenzio: un vociferare diffuso, un vento d'agitazione, fogli che cadono, uno si alza, l'altro si volta, svanisce la concentrazione come se si liberasse tutto il nervosismo represso, come se marionette stravaccate in un teatrino fossero tirate su da fili invisibili e si riprendessero la scena. Fu allora che il ragazzo si alzò. Infilò gli occhiali, afferrò i fogli, uscí dal banco, percorse lo spazio che lo separava dalle cattedre, consegnò, firmò, si voltò e, senza guardare niente e nessuno, lasciò la palestra.

– Professor Solero! – gli gridai dietro nel corridoio del liceo. – Professor Solero, mi aspetti!

Erano le due, il tema se n'era andato, se n'erano andati

i ragazzi e cosí i commissari in crocchio vociante, a mangiare, supponevo. Lo raggiunsi, lo presi per un braccio.

– Professor Solero, lei mi deve spiegare...

– Non c'è niente da spiegare, presidente, mi scusi, – e con uno strattone si liberò dalla mia mano. Mi guardava con aria di sfida, come a dirmi: «Lei in questa cosa non c'entra, lei è un presidente, deve leggere, promuovere, bocciare». E invece no, Solero, io non la mollo cosí facilmente, a costo di seguirla fino a casa, mettermi a tavola con lei, farmi fare due uova da sua moglie e stare in piedi davanti al suo letto per non lasciarla dormire.

– Ho visto gli scrutini: nove in italiano, dieci in greco, dieci in latino. Cos'è successo a quel ragazzo?

– Adesso è inutile, professore, adesso non ci posso fare piú niente.

– Piú niente un corno, Solero, adesso lei viene con me in un'aula e mi racconta tutto.

Entrammo nella prima, accostai due sedie. Continuò a far no con la testa come davanti a un fatto inspiegabile, e intanto sfregava una mano sull'altra con forza, da farsi male. – Jori, Andrea Jori, si chiama cosí. È uno geniale. Speravo che non arrivasse a tanto.

– Perché mai uno geniale fa la coglionata di buttare all'aria il suo esame di maturità? Ha avuto un lutto? È malato? Ha problemi di droga? Insomma non stia lí come un beccafico, parli, dica qualcosa!

– La sua ragazza, – e non ebbe modo di andare avanti perché avevo già capito ed ero già furibondo: un amorino, una stupida sbandata infantile... sei tu... ti amo... non posso fare a meno di te... non mi capisci piú... è stato bello, non piangere, addio. Ma che stronzata può essere la vita a diciotto anni, ci sei dentro fino al collo, tanto che non respiri e credi finisca tutto lí, come nelle canzonette.

Ed ero veramente fuori di me: permettere a un'illusione di due, tre mesi, o saranno stati anche quattro, di renderti cosí disperato da buttare all'aria tutto...

– No, – fermò i miei pensieri Solero, – questa non è la solita storia, è proprio un'altra storia. Lo so perché Andrea mi raccontava tutto, non c'era segreto che non mi confidasse, gioia o dolore che mi nascondesse...

E io capii dalle sue parole che quello era un amore grande, e di anni, non di giorni, e che grandi si sentivano loro, Andrea e Bianca, nell'andargli incontro con una passione travolgente, animale, ché ogni luogo, ogni tempo era avvinghiarsi a morsi di baci e carezze: piú in là, molto piú in là, oltre gli incontri, nella frenesia di pensarsi anche in assenza, e continuamente, di tremare, perfino stare male alle attese e poi mischiarsi, finalmente mischiarsi, in un alfabeto segreto agli altri, a tutti sconosciuto.

Solo gioia c'era con Bianca, era un'estate ininterrotta, il tormento della felicità, era l'infanzia oltre l'infanzia...

– Ma di questa festa dei sensi io avevo paura, – deglutí Solero. Si fece ombroso, cupo. – Mi spaventava l'eccesso, mi spaventava che una ragazzina di quindici, poi sedici anni, bella (e l'ho vista), bella da impazzire, fosse una donna nel corpo di un'adolescente, mettesse solo gonne, s'infilasse alla sua età calze di nylon con giarrettiere, si truccasse cosí pesante da sembrare una quarantenne. Chi le aveva insegnato a vestirsi cosí? Chi a imbrattare in quel modo le ciglia di rimmel, le guance di fondotinta, da credersi una bambola e da sembrare invece una donna di strada?

Era una domanda da benpensante?, mi chiesi senza rispondermi. Possibile che Solero cadesse spensieratamente in un luogo comune?

– Poi cascò il mondo, – riprese lui. – Come dal niente, una sera lei scese, gli andò incontro e gli disse soltanto:

«Non posso piú», e aggiunse, piú tremendo ancora: «Lui non vuole».

E si fermò, perché non ce la faceva ad andare avanti, e mi guardò con occhi imploranti, come per dirmi basta, adesso basta.

– Lui chi? – chiesi concitato.

Silenzio.

– Chi, Solero?

Gli uscí un filo di voce:

– Suo padre.

– Il padre? – spalancai gli occhi.

– Professore, ha capito benissimo. Probabilmente era cominciata come un gioco, fatto sta che Bianca era la perfetta copia di sua madre... E insomma il padre ha fatto i bagagli e via, se l'è portata in un'altra città, in un altro mondo –. Solero si accese una sigaretta. – Non fumo da cinque mesi, speravo di smettere, – tirò una boccata e tossí.

Mi tremavano le gambe, mi girava la testa e la stanza.

– Bianca lo amava veramente, Andrea, – riprese Solero, – ma probabilmente era stata plagiata fin da piccola.

Il sole di giugno si arrampicava sui vetri a doppiare, sfogliare, sovrapporre le immagini lí dentro; navigava per la stanza come una nuvola di minuto vapore: faceva pensare alla polvere magica che crea a Cenerentola il vestito per il ballo, un vestito per essere felice. Le campane presero ad annunciare qualche lontana imminente ora liturgica. Il soffitto si abbassò e fu come scendesse prima, precipitasse poi: mi mancò l'aria, si confuse tutto in un pantano di cose inutili, squarci di sogni tramortiti dal passato, e poi una bambina che corre, corre e grida qualcosa e va incontro a qualcuno che non so.

Guardavo lontano e mi facevano male i rimbalzi del cuore che non voleva smetterla di corrermi via. La mente l'aveva lasciato andare, il cuore, vai, sei inutile, vai che sei solo capace di metterti in un angolo a frignare. La mente aveva già deciso, imprigionando l'attimo. Perché no. Perché non poteva finire cosí.

– Solero, – dissi, – lei sa cambiarlo il destino?
– Il de... stino? No, no.
– Io sí, me l'ha insegnato mio padre.

A scriverla, questa storia, ho provato tante volte la tentazione forte di fermarmi, di piantarla lí. Posavo la penna e mi dicevo: «Basta, a che serve? In fondo è solo un racconto in piú, ne ho altri, posso benissimo farne a meno». Posavo la penna e mi facevo un giro. Ma poi tornavo, guardavo il quaderno aperto, rileggevo la riga interrotta e fatalmente riprendevo. Perché sí, perché questa storia è una delle vittorie piú belle della felicità.

Sentivo che quella distrazione di Dio andava assolutamente cancellata, ribaltata. E che forse non era una distrazione, ma una prova.

– Non c'è piú niente da fare, adesso, – aveva detto Solero, e se n'era tornato a casa in silenzio da sua moglie e da suo figlio.

E invece no. Io sono il presidente di questa commissione, il signore del tempo. Io il tempo lo faccio tornare indietro e balzare avanti come mi pare, sposto le lancette, faccio rifiorire i fiori d'inverno e partire i treni allo sguardo.

Per battere il destino meglio non guardarlo in faccia e fare lo gnorri, come non ci fosse. Lui corre parallelo alla tua macchina e picchia continuamente sui finestrini. Tu niente, non lo vedi, non l'hai mai visto, tu vai, vai, finché lui rallenta e molla: eccolo là nello specchietto, lontano, sempre piú lontano, un punto e virgola che impreca e si dimena, ma non può piú nulla. Per battere il destino bisogna essere incoscienti e decisi, cantare *La vie en rose* mentre ti suona il *Fidelio*, non fare conti assurdi su quel che è stato ieri o che sarà domani, prendere quello squarcio di vita come fosse l'unico che hai, il solo da viverti per sempre, il tuo tempo verticale.

Per la prova d'italiano non c'erano rimedi. Avevano visto tutti com'era andata. Trovai lo stesso una via d'uscita. Avrei spiegato il caso nella riunione prima degli orali. Il ragazzo era stato male, il ragazzo era il migliore di tutto il liceo, qui sono i suoi temi, guardate, leggete. Il ragazzo me lo prenderò da parte io e svolgerà il tema oralmente davanti a me. Nessuno obiettò.

Per la traduzione di latino gli aiuti vennero dal cielo e anche da un po' piú in basso. La mattina della prova spedii Solero a prenderlo a casa: che non si sognasse nemmeno di tornare senza di lui, doveva trascinarlo a costo di usare la forza, ma sapevo che non sarebbe stato necessario. E poi che se ne stesse pure seduto immobile nel banco. Purché producesse un foglio di quinterno, anzi due, una brutta e una bella con scritto su quel che gli pareva.

– Quanto ci mette di solito a finirla? – chiesi a Solero.

– Pochissimo, è un fenomeno, – mi rassicurò.

– Bene, un'ora dopo l'inizio vai a prendergli il foglio, consegnamelo e lascialo andare via.

Non lo persi di vista, Andrea, neppure per un istante, da lontano.

Neppure mentre intrattenevo i commissari con lazzi e

frizzi e bla bla bla sulle mie canzoni che si fanno cosí e si fanno cosà e Morandi certo che lo conosco. Toccai il fondo delle bassezze cantandogli a bassa voce *Luci a San Siro* che ci avevano le lacrime agli occhi. Un successone. E finí l'ora. Solero mi portò il compito: il piú era fatto. Il resto è silenzio.

– Non verrà agli orali, – mi avvisò Solero in pausa pranzo, – ha detto che non verrà piú.

Paradossalmente ne fui felice. Voleva dire che il destino era alle strette e sparava le ultime, provava la carta della disperazione. Dovevo sorprenderlo alle spalle. Andai da Andrea quella sera stessa, a casa sua. Era solo, non fece una piega, mi lasciò entrare.

Non accennai minimamente a esami, maturità o roba simile. Non mi sognai nemmeno di menargliela con le frasi trappola che usa il destino, «passerà», «cosí ti rovini da solo», «ti prego fallo per tua madre». Fu per dieci minuti buoni un capolavoro di nonsense, una notevole performance tra teatro dei mimi e teatro dell'assurdo.

Poi dal nulla, di spalle, sollevando un angioletto dalla mensola del camino:

– Ti racconto la storia di Orfeo ed Euridice, – gli dissi.

– La so già, – rispose.

– Non facciamola lacrimevole, – cominciai, – ti risparmio i preamboli, in fondo è un mito e nemmeno troppo originale, perché di folli che scendono all'Inferno per riprendersi il proprio amore ce n'è a iosa, nei miti, Demetra e Persefone, Adone e Afrodite... Ma la storia di Orfeo è unica: lui non scende agli inferi per riportare su la primavera scomparsa dal mondo, come Demetra, come Afrodite; no, no, la sua Euridice è sí il suo amore, è sí anche quella che potrà far rifiorire il mondo, ma è molto di piú. La sua Euridice è un pretesto, una posta in gioco, non è il fine ultimo di Orfeo: è un mezzo.

– Ma cosa dice? – gli scappò.
– E che pensavi? Che il mito dei miti fosse una semplice passeggiata per amore? Che la passione per quella donna, quella sola, fosse il culmine di tutti i sensi dell'universo? No. Perché si porta una lira dietro, Orfeo? Perché come tutti gli altri, le altre, non si limita a straziarsi e implorare Ade che gli ridia l'amata? Perché canta per sé. Forse al principio neppure lui lo avverte: in fondo un poeta suona, un poeta canta, altro fare non sa, è naturale che si porti dietro la lira. Non è lí solo per Euridice. E mentre suona e canta davanti a dèmoni invincibili e inconvincibili, ecco che piano piano nel vederli smuoversi e poi commuoversi e perfino piangere, i dèmoni, al meraviglioso squasso del suo dolore e dei suoi versi, Orfeo comincia a intuire. E quando alla fine, percossi e annientati in ogni fibra, gli ridaranno indietro la sposa, che lui prende a trascinare su, verso la luce, là dov'è l'uscita, con il divieto di voltarsi, che vuol dire perderla per sempre, ecco che Orfeo finalmente capisce due cose straordinarie. Che quella, quella che si sta riportando nel mondo, non è piú la sua Euridice, che non sarà mai piú come prima, che è morta, che è lei sí all'immagine, ma non piú nell'anima. E allora, solo allora realizza di essere sceso laggiú sí nell'illusione di rivalsa, ma ancor piú per battere i dèmoni, per fargli vedere di cosa è capace un uomo, di cosa è piú forte un uomo: dolore, male, morte, mistero, di tutto ciò che può anche togliergli la vita ma non vincerlo, perché è questo il segno divino negli uomini, sfidare l'impossibile e ricominciare, ricominciare sempre. E allora Orfeo si volta, *si volta apposta*, mica per sbaglio, e nemmeno perché non resiste piú, come si dice in giro. Si volta perché dietro c'è il buio, davanti la luce, e un uomo è nella luce che deve vivere.

Non disse nulla. Chiuse gli occhi come volesse vedersi meglio dentro, vedere cosa gli stava capitando.

Mi alzai.
- Agli orali verrai. Ci sarò io a interrogarti, ho già fatto capire che non voglio nessuno intorno -. Raggiunsi la porta e la aprii per uscire.
- Verrò, - mi disse dietro.

Certo agli orali non potevo esserci sempre. Nelle materie letterarie l'avrei interrogato io, ma poi venivano filosofia e fisica e lí dovevo cedere il campo, ero già andato troppo in là. Cosí passai gli ultimi giorni in apprensione, perché farlo promuovere col minimo era pur sempre una battaglia persa col destino e quello lí non puoi lasciarlo a vantarsi, perché ti ritrova e te lo ricorda, eccome se te lo ricorda.

Il povero Solero era piú agitato di me: lui cosí ligio al dovere, con la sua onestà intellettuale, non sapeva proprio da che parte prenderla. Tutto l'aplomb del primo giorno era bello che svanito e nessuno lo riconosceva piú.

- Allegro, - gli dissi, - non ci saranno pasticci.

Andrea si presentò agli orali, ma non venne da me. Filò dritto davanti al commissario di latino e greco e gli si sedette di fronte, come tutti gli altri. Ebbi un colpo al cuore. Fui lí, gli misi una mano sulla spalla:

- Ma non dovevi venire da me? - gli dissi guardando l'esaminatore.

- No, - rispose voltandosi.

Restò sotto tre quarti d'ora e parlava, parlava, gesticolava, si animava, non stava fermo un istante. Il professore dall'altra parte non faceva che assentire, sollevare il capo a mo' di meraviglia e sorridere: pareva deliziato.

Dunque Andrea aveva preferito combattere ferito com'era piuttosto che recitare una farsa, e lo stava facendo alla grande.

- Un gigante, - mi confermò il commissario, - il migliore di tutto il liceo. Una preparazione straordinaria, una padronanza totale delle letterature, un sentimento profondo di tutto il mondo classico. Alla fine mi ha fatto una buffa domanda...

– Una buffa domanda? – mi incuriosii.

– Mi ha chiesto se Orfeo era sceso agli inferi piú per sconfiggere i dèmoni che per riprendersi Euridice. «No, – gli ho detto, – non mi pare proprio. Dove sei andato a pescarla questa interpretazione?» «Devo averla letta da qualche parte», mi ha risposto.

Con le scientifiche andò di nuovo benissimo.

Stessi cenni d'assenso entusiastici dei professori. Andrea chiese penna e carta e riempí i fogli di schemi e formule spiegando, segnando a dito, senza smettere mai di domandare cortesemente chiarimenti e replicare sicuro di sé.

– È un fenomeno.

– In tante maturità, lo giuro, presidente, uno cosí non mi è mai capitato.

E se ne andarono allegri e saltellanti a farsi un bel paio di grappe, che era finalmente finito tutto e bisognava soltanto tirare le somme.

Appena prima degli scrutini notai che se ne stavano tutti e sei – il gruppo – al fondo del corridoio, a voce bassa, con fare cospiratorio. «Beccato, – pensai, – adesso viene il bello». «Sarà il latino». «O qualcuno mi ha visto andare a casa sua». D'altronde dovevo aspettarmelo che qualcosa prima o poi venisse fuori.

Decisi che era meglio prendere il toro per le corna e li raggiunsi. Mi salutarono in modo strano, chi guardando una crepa nel muro chi una penna, e tutti come intimoriti, intimiditi.

– Allora? – provai a dire.
Silenzio. Solo dopo un bel po' il commissario d'italiano prese coraggio:
– Non sappiamo come dirglielo, presidente, ma appurato che qui e là si sono verificate, ehm, può succedere, alcune circostanze che potrebbero, dico potrebbero, ehm, risultare poco, diciamo cosí, usuali, ma naturalmente sta a lei... – e non la finiva piú col preambolo, che pareva stesse parlando col genitore di un figlio deficiente per fargli ingoiare a pezzetti la bocciatura. – ...Insomma, l'idea è nostra, lei non c'entra proprio niente e ce ne assumiamo noi la responsabilità... non... non potremmo stenderlo giú bene per iscritto noi il tema di Jori? Non è nemmeno un falso, perché l'ha recitato a lei in persona, e poi il ragazzo merita il massimo con lode e cosí diventa tutto papale papale dovessero far storie a Roma...

Altro che cloni! Peggio di me erano. Non vedevano l'ora di ficcarsi dentro pure loro in quella congiura. Come ti amo, gruppo. Scusami, scusami per quel che ho pensato...

Il massimo dei voti. Questa, al destino, sarebbe andata proprio di traverso.

per Francesca

Il passero ti seguirà
non sarai piccola sempre, piccola sempre
ma ti seguirà, ti seguirà
il falco ti difenderà
non sarai debole sempre, debole sempre
ma ti difenderà, ti difenderà.

«Lontano», mi chiedi,
«Ma dov'è questo lontano?»
Lontano è un paese che non ti do la mano
com'è lontano questo lontano...

La volpe ti incanterà
le volpi vestono bene, le volpi parlano bene
ma non le ascolterai, non le ascolterai
e il vento ingarbuglierà
i tuoi pensieri, l'amore e i tuoi capelli
e ti cambierà, ti cambierà.

Lontano vuol dire che
domani non ritorno
lontano vuol dire sempre un altro giorno
com'è lontano questo lontano.

La luna ti sveglierà
quando avrai sonno e nel sonno avrai paura
e ti passerà, ti passerà
e il grillo ti racconterà
che mi assomigli negli occhi e nelle stelle
e gli crederai, gli crederai.

E quando ti sento dire:
«Fa' presto, che ti aspetto»
quando so che mi pensi andando a letto
non è lontano questo lontano.

(Canzone da lontano, 1980)

La barzelletta di Dio

L'invito arrivò, per arrivare arrivò, ma si perse subito in quel non-luogo del «si vedrà» dove si ammassano, a casa mia, tutte le lettere che non hanno immediate speranze. Un crocevia indistinto di buste mai aperte, inaugurazioni, petizioni, avvisi di scadenza dell'Enel, contravvenzioni non pagate, su su fino alle demo di canzoni che non so perché mandano a me.

Buttare tutto via manco a parlarne, fosse mai che un giorno un tale saltasse su a dirmi: «Ti ricordi? Mi hai risposto?» Non sono portato per gli addii e posso vantarmi di non avere troncato nessuna storia, sempre indegnamente mollato con la tecnica dell'esasperazione, tira tira che alla fine devono pur dire basta.

Fu per puro caso che notai quell'invito; anzi non io, fu Kosta, che come tutti i testimoni di Geova non si dà mai per vinto, a scoprire quella busta celeste e a stupirsi che ci fosse impressa sopra una pigna avvolta in un foulard. La pigna era una tiara, il foulard un paramento sacro e la lettera veniva dal Vaticano.

Era proprio un invito di quelli tosti: il papa teneva a informarmi che il giorno tale, all'ora tale, aveva fissato un incontro con gli artisti nella Cappella Sistina.

In verità veniva da Gianfranco, Gianfranco Ravasi, cardinale, ma prima ancora umanista, letterato di alto pregio e amico a distanza per affinità commotive, convinto com'era che la cultura stesse agli uomini come l'immortalità a Dio.

Una volta, quand'era ancora alla Biblioteca Ambrosiana, mi aveva svegliato che stavo smaltendo una sbornia di troppo, e nei fumi l'avevo scambiato per un attore di cabaret:

– Mi senti? Ti devo chiedere un favore: dovresti concedermi un'ora di tempo domani, se puoi passare qui da me.

– Sí, sí, – rispondevo meccanicamente, che poi era no, no, figurarsi se vado a imbelinarmi con questo guitto.

– Roberto, mi senti? Sono io, Gianfranco! Ma stai bene? Cos'hai? Gianfranco Ravasi, – che subito mi venne da pensare che diavolo ci fa Gianfranco Ravasi nel mio telefono? Lo sa imitare alla grande, 'sto cabarettista.

– Gianfranco! – esclamai rizzandomi sul letto. – Scusa, scusa, ma sono un po'… insomma… Che bello, come stai? Parla, dimmi, a che devo?

– Sí, ti stavo per… Va tutto bene? Ti sento un po' strano… E Daria? E Dodi? – Sapeva di Dodi, aveva sempre avuto per Daria parole d'amore.

– Meglio, meglio, – che non era vero, – meglio, – che si dice sempre cosí.

– Ne sono felice. Ti dicevo, scusa, che ci terrei tanto se passassi da me domani all'Ambrosiana, e ti spiego subito. Ho qui un gruppo di sacerdoti appena consacrati e vorrei che venissi a parlargli di Dio.

Questo era tipico di Ravasi, che non fa mai niente che t'immagini e gira gira ti prende alle spalle. Parte dall'errore, spiazza, rimescola, e in un amen ti trovi sull'autostrada del perdono: «Visto che è cosí?»

– Ma monsignore, io non so niente di Dio.

– Roberto, ascoltami: a 'sti ragazzi gli han riempito la testa di missioni e sacrificio e c'hanno l'anima quadra. E io la voglio tonda.

Mi tornò il sospetto del cabarettista.
- E io cosa dovrei fare? - chiesi un po' sconcertato.
- Niente, tu vieni e gli racconti *La stazione di Zima* o gliela canti, se vuoi, e poi ne parlate.
Proprio quella. Quella dove un uomo rifiuta il cielo per essere solo un uomo.
- Ma ne sei sicuro? Non mi pare che sia...
- Una gran professione di fede? Grandissima, per me. E la fede in sé è nell'attesa. E tu dici di non conoscere Dio? Caspita se lo conosci! Io voglio che i pretini escano da questo loro «prega e predica» e che imparino a guardare dal basso senza nessuna certezza, nessun rimando al cielo. La terra non è un'anticamera: è un salone luminoso.
- Ma, ma, non puoi farglielo dire da qualcun altro piú bravo di me, piú preparato, io...
- Non se ne parla nemmeno, tu domani sei qui e non ci sono santi. E smettila di bere!
E cosí avevo cantato e raccontato *La stazione di Zima* a venti ragazzi che avevano scelto di non scendere ma di restare su quel treno; e si può benissimo restarci su quel treno, avevo detto, a patto di guardare sempre fuori dai finestrini e vedere passare le campagne, i carri, le cose, non come macchie provvisorie, e gli uomini non come organi disperati del Paradiso ma cantori felici della loro terra sotto i piedi, della loro vita che non è una bretella di autostrada, un viaggio di trasferimento, ma un luogo vero, una stazione d'arrivo.

Si presentavano però due problemi per la data della Sistina. Si andava a ficcare fra due concerti che non potevo rimandare. Ma questo era il meno. Piú grave il secondo: era scaduto il tempo per la conferma e la conferma era tassativa, che non puoi levar di sotto la sedia a Moretti o a Renzo Piano perché ti ci vuoi sedere tu, e per giunta senza invito. Comunque Ravasi sistemò tutto.

Restava qualche difficoltà organizzativa. A Roma avevo tempi strettissimi fra la Sistina e l'aereo di ritorno e non ce l'avrei fatta a ripassare in albergo a recuperare il bagaglio. Quindi, o rinunciare alla valigia e farmi tutto il viaggio d'andata vestito come un pinguino con quelle uniche tremende scarpe di vernice nera che erano state di Aldo, e presentarmi dal papa un bel po' stropicciato o, come invece feci, portarmi gli abiti buoni in valigia, indossarli la mattina dell'incontro e lasciare gli altri nella valigia in albergo, per farmela spedire poi. Ché presentarmi in Vaticano con la ventiquattrore mi sapeva tanto di commesso viaggiatore.

Giunto a Roma, diedi una rapida occhiata al biglietto: le 9:30. Potevo perfino dormire. Sembrava tutto cosí ben congegnato nelle tempistiche che mi stupii non poco di me. Arrivai, depositai, mi chiarii col portiere, appesi il grigio fumo, misi le scarpe di Aldo in bella vista, uscii in jeans e t-shirt, mangiai ai *Gracchi*, misi la sveglia alle 8:15 e mi addormentai come un bambino.

Da quando suonò la sveglia il mondo cominciò a rovesciarsi. Nel vestirmi che parevo Lord Brummell, tolsi l'invito di tasca e gli diedi una letta per sicurezza. E partí il terrore. La cerimonia era sí alle 9:30, ma bisognava presentarsi tassativamente un'ora prima. E questo non l'avevo visto. Ma perché diavolo queste cose le scrivono cosí in piccolo come nei contratti in cui ti vogliono fregare? Alle 8:30? Erano allora le 8:30. Mi cascò il morale a terra, andare dal papa e non vederlo è come se ti passa davanti qualcuno quando l'Inter fa goal. Tornare a casa e raccontare cosa? Daria sgamava, sgamava sempre: era Daria la montagna insormontabile. Presto, subito, non c'è un attimo da perdere, chiudi la valigia, anzi no, tira fuori le Clarks, che me le porto via... dove le metto? nel sacchetto dei rifiuti; giú per le scale, consegna la valigia, tieniti il sacchetto, chiama un tassí, subito, urgente, sono a posto? I capelli, la faccia, cosa manca? Cosa non ho?

Oddio la cravatta, non ho portato una cravatta, ma c'è il portiere, Mi dia la sua, è un'emergenza, arriva il tassí, torna indietro, il sacchetto con le Clarks... Corra, al Vaticano, le 8:40, cazzo è tardi, son già tutti là, avranno chiuso? Presto, piú presto! Traffico, clacson, devo mettermi la cravatta... Sant'Angelo, le 8:45, è rosso, *craaaaak*, il tassí tampona una Morris, il ragazzo incazzato, 'Ndo vai?, la ragazza: Ma è Vecchioni! A Cosimo, c'è Vecchioni, apre la portiera e mi si butta addosso, Un selfie, un selfie! Sono in ritardo. N'autografo... Sono in ritardo, mi spiace, mi spiace. Cavolo. Prendete la targa, vi prego. Questo è il mio numero, pago io... Vada, corra, per carità, esca di qui! Si arriva, San Pietro.

– Piú in là non passo, – dice il tassista. Mi molla dietro il corteo di suore piú lente che la storia ricordi, m'insinuo, m'incastro, scavalco, ecco il peristilio, corri, le 9:00, ho le Clarks in mano, le transenne, il servizio d'ordine.

– Ecco, ci sono, l'invito, guardate sono proprio io...
– Ci spiace, impossibile, è tutto chiuso, non si può, ci spiace, non si può.

E adesso fermati, siediti, respira e pensa. Pensa a cosa? La guardia svizzera è là sul portone a gambe larghe che pare il guardiano di Kafka: non c'è modo, non si entra. Mi aspetto che da un momento all'altro mi dica: «Nessun altro poteva entrare da questa porta perché era riservata soltanto a te. Ora vado a chiuderla per sempre». Che abbia una pulce sul collo? La cerco persino con gli occhi. Ma tu, Franz, un'altra soluzione potevi pur prevederla per quel poveraccio che ha atteso invano fino al suo ultimo giorno di vita: che so, una porticina sul retro, o l'intercessione di...

Gianfranco, devo chiamare Gianfranco. Ma non ho il cellulare. Affronto il ciambellano:

– Sono Vecchioni, Roberto Vecchioni.
– Quello di oh oh cavallo?
– Sí, la prego, può far sapere a monsignor Ravasi che sono rimasto fuori e non mi fanno entrare?
– Ma lei ha un invito?
– Sí, eccolo.
– È scaduto.
– Lo so.
– Monsignor Ravasi? Quel monsignor Ravasi?
– Ce n'è un altro?
– No, effettivamente no.

Se ne va, parlotta con qualcuno, aspetto che torni, ma lui manco ci pensa. Sono le 9:15. Passa l'eternità con tutti i Serafini, Cherubini, Troni, Dominazioni, che son piú lenti delle suore cinesi. Passa una folla di dannati che ci mettono una vita a capire in che girone devono entrare. Passa un aereo. Passa la storia d'Italia dagli etruschi a Enrico Fermi.

Non resta che mettersi a pregare.

Certo che pregare è proprio un bell'escamotage.

In realtà non è che si prega per ottenere qualcosa d'impossibile, che a ben vedere mica pensiamo sul serio che si stravolga l'universo per far piacere a noi. No, non preghiamo, o meglio non solo, perché ci passi la lebbra o perché torni un perduto amore. Preghiamo per essere ascoltati. Che poi Dio ascolti o no, cambi o no il destino, poco importa. I pigmei, prega prega e niente pioggia, dicono che Dio è andato a caccia, i dogon che forse sta dormendo. I primi cristiani nel circo non pregavano per paura, ma per spiazzare Domiziano o Commodo; nella tempesta la preghiera è un grido, mica un sussurro, casomai Dio fosse duro d'orecchio. E quando si sta tutti lí raggruppati a pregare insieme, in un sussurro corale che va su su leggero fino al cielo, a nessuno passa per la capa di salvare qualche anima che tanto si è già persa, mica Dio fa arimortis. Si prega per essere almeno ascoltati, e quando si è in tanti è ancor piú forte la convinzione, come a ricordargli: «Ehi, siamo qui», casomai l'avesse dimenticato. I bambini lo sanno meglio di tutti, quando la sera prima di dormire gli fan dire una sfilza di «fa' che, fa' che», mica si domandano se lo farà o no, si domandano se starà ascoltando. E ogni volta che prego sulla tomba di mio padre io so che mi sente e so anche la risposta: «Robbertí, ccà tenimmo 'a fa', nun te pozz' accuntentà».

Ed ecco che torna quello del servizio d'ordine.

– Venga con me, – mi fa. Le guardie svizzere si spostano, si apre il portone, guardo in su, ci saranno almeno trecento gradini. Non ci arriverò mai, lassú. Sali, sali, sali e non fermarti mai, chi si ferma è perduto. Sali, sali ed ecco finalmente il pianerottolo. Terrore.

La scalinata gira su se stessa e ricominciano i gradini, un'altra serie di trecento. E mentre salgo penso: «Ma Michelangelo si faceva tutti i giorni 'sta scaletta? Non gli è mai venuto un colpo?» Mi appoggio dove capita, quasi non ci vedo piú.

Non faccio in tempo a terminare l'ultimo passo che quattro braccia mi tirano su di peso e mi trascinano. Ci fermiamo davanti a una porticina in verde veneziano e oro smeraldo.

– Entri qui, e in assoluto silenzio.

È fatta. Adesso apro, mi faccio piccolo piccolo e mi siedo nell'ultima fila senza fiatare, ché nessuno se ne accorga: tanto chi vuoi che se ne accorga, guarderanno tutti da un'altra parte, sarò come una pulce in un bue (strano, è la seconda volta che penso alle pulci, oggi).

Spingo piano piano il verde veneziano che non scricchioli, per carità, che non disturbi il silenzio. Presente quando ti fanno la festa a sorpresa e tu arrivi e credi di non trovare nessuno e invece si alzano tutti ad applaudirti?

Preciso preciso. Non faccio in tempo ad allungare un piede nella stanza – e sí che già m'ero chinato per farmi invisibile – che la platea, tutta la platea di scrivani, architetti, registi, pittori, stilisti, maestri, cantanti, attori scatta in piedi all'unisono, e parte verso di me un applauso scrosciante. Mi stanno applaudendo tutti, perfino i pubblicitari che mi sono sempre stati sulle palle, e i poeti rispetto a cui io sono spazzatura, e non la smettono, no, tanto che mi viene automatico un gesto con la mano come a dire: «Grazie, grazie, troppo, troppo, adesso basta». Non mi passa nemmeno per la testa di non meritarmeli, gli applausi: forse la forma è un po' eccessiva, ma in fondo io non ho scritto solo «oh oh cavallo», mi dico.

Mi punge per un attimo, ma è solo un attimo, il dubbio che quello sia un tributo ironico, forse di scherno, per essere arrivato cosí in ritardo e averli lasciati aspettare come babbei. Un attimo. Prevale di nuovo la tesi dell'ammirazione, se non addirittura della consacrazione.

Poi, quasi contemporaneamente, prima intuisco poi avverto una fastidiosa presenza bianca al mio fianco, a un metro da me. Avanza lentamente nella sala e si fa figura, si fa persona, ed è a lei, anzi a lui che tutti stanno guardando: ed era lui che tutti stavano applaudendo, mica me, e dovevo capirlo subito nonostante l'asfissia da scale.

Era Benedetto XVI e, se devo dirla tutta, in ritardo pure lui.

Quando racconto questa storia, che è assolutamente vera, ridono tutti, ma io la trovo anche tragica.

In quel teatro si è svolta una rappresentazione annunciata che hanno visto tutti, perché quella c'era da vedere: Benedetto che entra solenne. Ma se n'è svolta pure un'altra, completamente ignorata perché non era in programma: la mia. Questa disconoscenza totale da parte del mondo non la rende meno vera. La mia si è consumata all'insaputa di tutti solo perché non faceva parte di nessun copione e nessuno aveva avvisato nessuno. È stata come una di quelle immagini subliminali che in un film a velocità normale nessuno percepisce. Ma c'è stata.

A volte mi viene da pensare che ogni tanto Dio inventi barzellette che poi non racconta ad anima viva, e che le inventi cosí, per sé, per ridersela da solo. E quel giorno, forse, poco gli importava del papa, degli artisti e del convegno alla Sistina. Quel giorno ero io, la barzelletta di Dio.

per Arrigo

Piccolo pisello mio
figlio di cento madri
buffo lí su quelle scale
con gli slip a quadri:
guarda che nessuna donna
mai ti canterà
nessuna ti capirà
forse ti amerà.
Finché parlerai ameranno
le tue parole
ma se muovi un dito diranno
«Dove vuoi arrivare?»
e diranno che ti alzi
senza un motivo
che fai male perché sei vivo
e sei cattivo.

Cosa sognerai la notte
quando avrai paura
piccolo pisello mio
piccola avventura?
Forse sognerai che è dolce
quella tua rugiada
che ti nasce dentro
e poi non sa la strada.

Piccolo pisello mio che fai pipí stanotte
e sei orgoglioso di te
per aver fatto a botte
tutto quello che farai lo farai per lei
per esser bello agli occhi suoi
anche se non lo sai.

Cosa sognerai la notte
quando io non ci sarò
piccolo pisello mio
cosa ti lascerò?

(*Piccolo pisello*, 1991)

Duplice accoppiata

Aldo era per me Aldo e basta. Era stato Aldo da sempre, o almeno da quando ero molto piccolo, da quando me lo ricordo. Non mi è mai venuto di chiamarlo papà.

Napoletano spedito da suo padre al nord a vendere tessuti nel dopoguerra, decise di partire maritato, ché lui voleva un posto dove tornare la sera, e gli andò bene che di Eva s'innamorò veramente, altrimenti avrebbe sfasciato la famiglia piú di una volta. Beninteso, sia chiaro subito, era un signore modello Vittorio De Sica, bello, alto, intrigante, fascinoso: le donne le fulminava con lo sguardo e con sprechi di rose che dimenticava di pagare, perché gli dicevano: – C'è tempo.

Aldo, da ragazzo, non lo vedevo mai: la mattina usciva prima che andassi a scuola e la sera io tornavo quando già dormiva. Nei giorni di festa era irraggiungibile, a meno di cercarlo in tutti i casinò, circoli e ippodromi. Una volta ci salutò dall'ascensore con la valigia in mano: – Parto, vado in Iugoslavia tre giorni –. Invece fece tre piani, s'infilò nella casa di un amico e giocarono a poker tutto il week-end.

La vita di Aldo era cosí organizzata: l'intera settimana full day in giro a rappresentare tessuti, che sapeva vendere come pochi. Sabato pomeriggio regolarmente a San Siro, galoppo o trotto che fosse; domenica mattina a pescare sull'Adda o sul Ticino a seconda che avesse un puntello qua o là; domenica pomeriggio ancora San Siro con la radiolina attaccata all'orecchio, perché finanziava il Totocalcio tanto che avrebbero dovuto farlo socio onorario. Ma sua moglie, mia madre, lo amava, lo adorava. E lui non avrebbe mai potuto vivere senza la famiglia, ma nemmeno senza altre donne: era piú forte di lui.

Si era laureato in legge e infatti tutti lo chiamavano dottore, anche se di legge non sapeva un cavolo. Del resto non s'interessava a nessun'altra cosa fuorché al gioco, ai cavalli, alla pesca: politica, cinema, teatro manco a parlarne, e cosí feste e convegni, bicchierate. Ricordava ogni tanto di avere anche degli amici: li incrociava, – Ci vediamo, – diceva, e dentro di sé: «'Stu cacacazzo».

Non ci chiedeva neppure, a me e Sergio, se facessimo il classico o lo scientifico o stessimo in giro a perder tempo; cominciò a considerare che eravamo perfino diversi uno dall'altro quando prese a portarci a San Siro per velocizzare le puntate al totalizzatore o a ingaggiarci per riempire a mano i quintali di schedine che giocava. Da piccoli, quando per disgrazia ci doveva portare dietro nei dí festivi (regolarmente all'ippodromo), ci piazzava in un punto determinato e ci diceva: – Statevi qua, vi vengo a pigliare io –. Ma non tornava quasi mai, e io e Sergio ci abituammo a fare i cavoli nostri.

Era un navigatore solitario, lo infastidivano le compagnie, detestava affrontare qualsiasi argomento per piú di tre minuti. In auto non parlava mai, pensava. A due cose, essenzialmente: o a chillo strunzo che non gli comprava la flanella, o a pronostici di ogni tipo, comunque nobili, mai corse di cani, bischette e lotterie, lui s'aggrappava solo ai ganci dove contano la mente e il culo. Perché Aldo era superstizioso al punto da costringerci a gesti riparatori se per caso a tavola si versava il sale. Il giorno in cui un gatto nero gli sfrecciò davanti cogliendolo impreparato, bloccò l'Alfetta 2000 (solo grandi auto) e ci fece aspettare mezz'ora che passasse prima un'altra macchina.

Camminava a testa alta, gran figlio aristocratico, e non permetteva mai a nessuno di pagare in sua presenza, mai. A una cena di lavoro (uno dei rari momenti conviviali) arrivati al caffè chiese il conto di tutti (sei rappresentanti con mogli, figli e cugini, che evidentemente sapevano), gente mai vista prima e che non avrebbe visto mai piú, sfogandosi poi in macchina (nel frattempo Bmw 3000): – Che scassamiento 'e cazz, Robbertí –. Era a Milano da vent'anni ma parlava solo napoletano, qua e là italianizzato.

L'anno della mia maturità, cinque giorni prima degli esami passò in camera mia, mi guardò in faccia e mi disse: – Nun saccio comme ti veco, Robbertí, vienatenne cu' mme a Parigi, che t'arripigli –. A Parigi? E i ripassi? E l'*Edipo Re*? La fisica, la matematica? Soprattutto la matematica: io non sapevo un cazzo di matematica, che ancora oggi me la sogno: «Vecchioni, tocca a lei», e mi sveglio con le palpitazioni. Presagii un disastro cosmico, ma non ci fu niente da fare, era irremovibile. Parigi! Si fa presto a dire Parigi. Mica poteva piantarmi lí come a San Siro e dirmi torno subito. E infatti non fu cosí. Contraddicendo anni e anni di aristocratica clausura, sfarfalleggiò a Versailles, Malmaison, Jeu de Paume. Quello era il periodo del suo trip per l'arte, già da un po' aveva riempito casa di Mancini, Fiume, Fantuzzi, perfino De Pisis, smaccatamente falsi e splendidamente certificati.

E lí a Parigi, una sera (tavolo in prima fila), arrivò pure il *Crazy Horse*, e al *Crazy Horse* Rosa Fumetto che strisciava nuda su una rete sopra le nostre teste.

L'ultima sera vidi Aldo stanco, nemmeno si era fatto la barba, lui che era un maniaco della presentabilità; mi tirò su al volo e mi portò alla *Tour d'Argent*. Entrammo che sembravamo due derelitti e al maître venne pure l'istinto di cacciarci subito, ma Aldo non lo degnò di un'occhiata. Perseverando nella sua crociata linguistica, una filosofia ormai, ordinò ostriche in napoletano. Il cameriere fece stizzito: – Pardon? – Aldo gliele segnò a dito sul menu, precisando «due dozzine», stavolta in francese. Il cameriere ebbe l'ardire di dirgli:

– Ma sa quanto costano, signore?

Avrei voluto sparire.

Aldo con imperturbabilità stoica:

– Mi mandi il maître, prego.

– Il maître, signore? – ciancicò il tipo, pensando di aver capito male.

– Sí, il maître, 'o capo 'e stu cazzo 'e posto.

Quello, che non vedeva l'ora di defilarsi, lo chiamò.

Il maître arrivò, perché alla *Tour d'Argent* peleranno pure i clienti, ma finché non pagano c'è speranza.

– Le voglio tutte, – fece Aldo.

– Tutte?

E non ci fu verso. Aldo, il 13 giugno del 1962, spese duemila franchi in ostriche e noi mangiammo minestra di stelline per un mese.

Questo era l'uomo. Come la volta che, appena arrivato a Milano, vedendo scritto fuori da un bar VIETATO L'INGRESSO AGLI ANIMALI E AI TERRONI, pagò un vetturino in piazza (ce n'erano ancora), affittò il suo cavallo, entrò nel bar e si presentò al banco. – Lui è l'animale, chiarisco, – disse, – io il terrone.

Non era, Aldo, un gran democratico, era di vecchio stampo, perfino un po' Borbone: pensava delle donne grosso modo quello che scriveva Giovenale secoli addietro, però le trattava sempre da «I' te vurría vasá», la sua discriminante imperativa era la bellezza. Poteva perdonare ignoranza, cattiveria, perversione, tradimenti, persino intelligenza e sensibilità, ma la bruttezza no, mai, tanto da pensare che non esistono donne brutte, perché quelle brutte non sono donne.

Un anno che per un colpo di culo galattico comprò un brocco che gli vinse un Derby, un Nazionale, un'Europa, pensò bene di gareggiare con il destino costruendosi una casa davanti al casinò di Saint-Vincent per averlo a portata di mano nei momenti di astinenza. Finí che in un solo anno diventammo poveri, ma poveri davvero, di quelli che se mangiano la mattina stanno digiuni la sera.

Ma Aldo era Aldo. E non avrebbe mai sopportato per Eva e per noi una vita simile. Inventò, si sbatté, e riempí il buco con una valanga di lavoro.

Non ho mai incontrato in tutta la mia vita un uomo cosí felice, sempre; né una donna cosí tosta da sopportarlo. – Ma mamma, – le dicevo, – come fai, dio, come fai? – È piú geniale che stronzo, – mi rispondeva, – quando sarà il contrario lo caccerò via –. Oppure: – È piú innamorato che amante: quando sarà il contrario gli spaccherò la testa.

Aldo era di una felicità cosí assoluta da sembrare a tutti, me compreso, imperturbabile. Non c'era vento né pioggia nel suo cuore, solo un mare piatto a perdita d'occhio.

Ma sotto quella felicità covava uno spaventoso bisogno di considerazione, no, non di tutti, ché se ne sbatteva del mondo: di noi. Doveva continuamente essere rassicurato che per lui avremmo fatto qualunque cosa, come se la sua mente corresse alla certezza fatale di un abbandono, un domani, in un pauroso lontano futuro: era come un istinto animale di dipendenza e possesso insieme, l'ansia di una terra abbandonata: «Mi lascino pure tutti, i miei figli no». E ci metteva continuamente alla prova, come chi finge di uscire dalla stanza e origlia alla porta, come chi spedisce lettere anonime per sapere chi ci casca e chi no; o chi esige il perdono senza colpa, le risate senza battuta, il sorriso senza gioia. Questa era la sua debolezza, il suo fiato corto, il nemico invisibile che lo avrebbe inseguito fino alla fine.

Ogni anno ad aprile si andava al Lotteria, a Napoli. Partivamo Aldo, mamma, Sergio e io, rigorosamente in macchina alle sette del mattino armi e bagagli, destinazione altra famiglia Vecchioni, quella di Arturo, suo fratello, al Vomero. Aldo gli aerei non credeva nemmeno che volassero, figurarsi i treni con tutta quella gente che poi bisognava parlarci insieme, dio ce ne scampi. L'auto era il suo regno. Si sistemava davanti, nel sedile del passeggero, e apriva l'ufficio, ovvero il suo bureau di pronostici sul Gran Premio, e per otto ore era come non ci fosse. Io, Sergio e mamma dietro. Guidava Armando, una specie di autista-segretario-collaboratore di San Zenone al Po, che da una vita lo accompagnava e per una vita ancora l'avrebbe scortato in giro a vendere cretonne e flanella: tutti i giorni per piú di trent'anni, fino all'ultimo viaggio, perché volle guidare lui il carro funebre quando venne il momento e portammo Aldo a Napoli per seppellirlo.

Allora, in quell'aprile del '68, eravamo eccitati e felici, perché andare da altri Vecchioni, da *quei* Vecchioni, era, com'era sempre stato, un'iniziazione, una festa del raccolto, uno specchiarsi nei simili: stesso spirito, stesso linguaggio, strafottenze e fantasie, e ironia, comicità, cibo, geni, stessa semitotale assenza di regole, balle su balle; un secondo regno, insomma, di cui Arturo era il re mago, padrone della cucina, della casa, del quartiere, e Roberta, Massimo, Rosaria, i suoi figli, re magi pure loro, e fotocopie mie e di Sergio. I due fratelli erano uguali nei contrari: minuto Aldo, gigantesco Arturo, raffinato Aldo, popolaresco Arturo, vendeva tessuti Aldo a Milano, non riusciva a venderli a Napoli Arturo; ma nel dire, fare, lettera, testamento erano due gocce d'acqua: Aldo elegantissimo, Arturo non si toglieva mai la giacca, fazzoletto nel taschino pure a letto; Aldo comprava un cane (rigorosamente boxer), Arturo rilanciava con un altro cane (boxer); Aldo comprava una casa, Arturo una piú grande; Aldo chiamava il figlio Roberto, Arturo Roberta la figlia. Paperino e Gastone, erano.

Naturalmente litigavano sempre, per qualsiasi cosa: uno composto e categorico, l'altro rissoso e vociante, ma si vedeva benissimo che era una specie di gioco, una commedia, non contavano i motivi ma la recita, perché i Vecchioni sono stati stampati per volare dove si va a piedi e tirar su conigli da cilindri, e magari Tour Eiffel e giardini di Babilonia.

L'apice si raggiungeva quando facevano coppia a tressette. Il tressette non è un gioco, è un mondo, una filosofia, una cultura d'origine, una battaglia di sgambetti, una palestra di rischi e spacconate, ma in fondo è soprattutto un viale tra gli alberi dell'intelligenza, e ne erano maestri entrambi. Quando non giocavano contro un'altra coppia, insultandosi continuamente e tirando in ballo madri e nonni comuni, se la vedevano loro due, uno contro l'altro. Alle sette del mattino erano già lí con spade e bastoni in mano per il «pizzichino», che poi è il tressette a due, dove non ci sono scuse, colpe da dare ad altri, reti protettive, errori da poter correggere: si va d'istinto, deduzione e calcolo, insomma o si è bravi oppure si perde.

Il tressette a due è il gioco che piú assomiglia alla vita. Le carte che hai sono te, nel meglio e nel peggio, le chances e i buchi neri che il destino ti ha messo dentro alla nascita: da quelle parti, da lí devi sapere subito se giocartele con gli ori del successo, i bastoni della perseveranza, le spade del rischio, le coppe del lascia perdere. Ma è solo quel che hai alla nascita, perché carta dopo carta che pescherai dal mazzo, il gioco potrà darti ragione o sconvolgerti, cioè cambiarti la vita. Perché non si sa, perché quello è il caso, il grande Signore dei Napoletani: a volte, carta per carta, ti obbligherà a tornare indietro, a deviare, a riprendere la via, e dovrai combatterlo, il caso, che s'intrufola in una storia vincente e la mortifica. Non è come gli scacchi. Là i pezzi sono già tutti in vista, non ce ne sono di nascosti. Là puoi migliorare aperture, mediogiochi, finali, già studiati, già incontrati. Non esiste negli scacchi il caso. Per Aldo la vita era esattamente come il tressette a due. Ma per un napoletano come lui, il caso non è mai un caso. Per un napoletano come lui c'è una forza invisibile, maligna o benigna, che domina il mondo a capriccio: il due o l'asso che peschi erano lí dall'inizio del tempo, perché qualcuno o qualcosa li avevano già infilati nel mazzo prima che nascessi. Sei quasi costretto a vincere o a perdere. Il che comporta che quando batti questa volontà invisibile sei come un dio, ma se soccombi, ti convinci che non potevi farne a meno. Napoli.

Quell'anno, il '68, il Gran Premio Lotteria lo vinse Eileen Eden, magnifica americana di Danilo Fossati, quello del doppio brodo Star, che al contrario di Aldo non si comprò nessuna casa davanti a nessun casinò e preferí fare l'imprenditore. E il Gran Premio Lotteria, non è, anzi non era, una corsa qualunque, era una kermesse, una Piedigrotta, una Folies Bergère, un pandemonio di folla, bambini, vecchi, ricchi, poveri, un giorno di prova per tutti, d'infinita gioia per me, una sarabanda di magnifici cavalli, superbi cavalli, una battaglia a eliminazione senza rivincita che, scarta qui scarta là in tre turni, sfociava in una finale coi migliori.

Ma era la folla il vero protagonista. Perché il Lotteria era vita, incarnava quel caso che era l'anima dei napoletani. Le tribune erano un continuo andare e venire, incontrarsi, abbracciarsi, darsi un appuntamento per domani o mai: le corse facevano solo da cornice, da pretesto: il quadro era lí, la tela, i colori erano uomini e donne che si confidavano, spettegolavano, litigavano, ci provavano, si prendevano fulminanti sbandate, giocavano, puntavano da farsi male, o anche solo per ridere, perché il caso lí era un inserviente, lí non faceva paura, un maestro di cerimonia e niente piú. E poi bambini, ragazzi, perché ci son prati ad Agnano, perché ci sono spazi, ed eccoli lí che litigano, si sfidano, imitano i grandi, sono grandi quel giorno e sfrenati, in quella conca di colline rosse di sole lí a schermare, come la siepe dell'*Infinito*, Capri e Ischia e Procida che gli stanno alle spalle.

Il Lotteria è la mia giovinezza. Napoli è la mia giovinezza. Come quando torni dove sei sempre stato, e non lo sapevi: un disegno che hai dentro che una tela copre; un'impronta avvertita in dormiveglia: un pensare di antica fantasia che a un tratto, dal niente, ti risale al cuore, ti risveglia e canti, perché è cosí che è accaduto, è cosí che Napoli mi ha insegnato a fare canzoni, perché d'esistenza si parla, di vita si canta.

Però quella sera del '68 tornando a casa, al Vomero, ero stanco. Passata la sbornia di emozioni meravigliose, eccole lí quelle due ombre che tornavano.

Futura, piú sottile, quella della tesi, perché mi ero andato a cercare il peggio del peggio, perché di quel Quarto Libro del *Corpus Tibullianum* non si sapeva quasi niente e cicalavano un po' tutti a vanvera, da Cartault a Paratore a Baligan. Chi le aveva scritte, e per chi, e perché, quelle poche liriche cosí belle, cosí innamorate?

Ma la seconda ombra non era una lirica: era un amore vero che stava finendo, che era finito, dopo anni, e io di altri amori non ne avevo mai avuti, ed era questo per me il «fulsere quondam candidi tibi soles».

Fu allora che, mentre steso sul letto fissavo il soffitto e pensavo a Gino Paoli che manco lo vedevo piú viola, perché a far l'amore si vede il cielo, fu allora che Aldo entrò in pantofole e pigiama, chiuse la porta mettendosi un dito sulla bocca come un cospiratore e mi disse:

– Robbertí, ho pigliato la duplice accoppiata! – e si sedette sul letto.

– Che hai pigliato? – Mi rizzai a sedere sgranando gli occhi. – E come? Dov'è? Quanto hai vinto?

Lui si guardò intorno e continuò sottovoce:

– 'Nu milione, solo io e nessuno piú.

– Un milione? – Ero allibito, non tanto per il milione ma perché mio padre per una volta aveva vinto. – E dove l'hai messo? L'hai detto a mamma?

– Robbertí, ce sta 'nu problema.

– E quale?

– Aggio vinto, 'o 'ssaccio, sette e dodici Citrullo e Vailesto, ma... ma...

– Ma...

– Ma Robbertí, il biglietto non lo tengo.

– Come no? Vedi nelle tasche. Non è che l'hai perso in macchina? Andiamo a vedere...

– No, no Robbertí, l'aggio jettato, – e qui cominciò una sceneggiata di mani sulla faccia, morsi sui polsi e lacrime fuggitive. – Mannaggia a me, l'aggio jettato!

– E dove?

E qui diede il la a una delle sue meravigliose, inattendibili scene alla De Filippo.
- Tenevo le tasche piene, un bordello di scontrini, ricevute e biglietti delle corse prima, non me ne sono accorto. Ho buttato tutto, anche la sette e dodici Citrullo e Vailesto.
Silenzio. E poi ancora silenzio.
- Non è che... - riprese, - ... non è che tu... magari con Massimo...
E capii subito dove voleva arrivare, o meglio capii ma speravo di aver capito male, perché quella roba lí era una pazzia.
- Insomma Robbertí, tu me lo devi fare questo piacere. Tu sei troppo intelligente. Piglia la macchina e vai all'ippodromo. Entri facile, è scuro, nun truovi a nisciuno. Io poi m'arricordo addò ll'aggio jettato: vicino la tribuna secondaria, mentre scennevo 'e scale, là deve stare.
Con Aldo ero abituato a tutto, ma quella era la perla piú gigantesca di tutto il suo repertorio passato, presente e futuro, se si eccettua quando in punto di morte mi avrebbe dato l'anello della sua amante dicendo: - Oh, m'arraccumanno, mammarè nun l'ha dà verè.
Scoppiai a ridere e lui si rimise le mani sulla faccia, disperato. In un lampo percorsi le possibilità, che a conti fatti risultavano zero all'infinito. C'era da arrivare ad Agnano a mezzanotte di domenica, l'ippodromo naturalmente era chiuso e bisognava scavalcare da qualche parte. C'era che avrei trovato sicuramente qualche straccio di guardiano o di vigilante. C'era che non si vedeva un accidenti, che all'una di notte è tutto spento: e anche se mi fossi portato una pila o perfino un faro, sarebbe stato come svuotare il mare con un cucchiaino. E c'era, cosa peggiore di tutte, che il parterre dell'ippodromo doveva essere stracolmo di biglietti e giocate perse buttate ovunque, una prateria

di carte, cartucce, cartuccelle che nemmeno a starci una settimana in dieci avremmo mai trovato Citrullo-Vailesto. C'era che ero triste, che ero stanco, e c'era che lui era Aldo.
– Vado, – gli dissi, e cercai una pila.

Naturalmente non c'era un buco per entrare nemmeno a pagarlo. Il muro circondava tutto il piazzale d'ingresso e le biglietterie. Vai a destra, vai a sinistra, non finiva mai. I tentativi per scalarlo sfociavano sempre in risate pazzesche perché io e Massimo c'eravamo giustamente fatti di limoncello, non possedendo droghe piú adatte a quella follia. Dopo l'ultimo tentativo eravamo lí sdraiati a osservare il nulla con Vesuvio. Ma Massimo ebbe un'illuminazione:
– Robbé, io so come si fa.
– E come?
– Ma scusa, giriamo intorno. Dalla parte del pubblico è tutto chiuso, ma dall'altra parte ci stanno le scuderie, e là qualcuno deve entrare e uscire, come ti pare a te? – Che poi significava farsi mezzo miglio a piedi e mettersi possibilmente le mimetiche per scivolare non visti fra artieri e inservienti, che di là ce n'erano sicuro, e pure svegli.

All'una passata da un pezzo arrivammo all'ingresso delle scuderie, naturalmente chiuso. Ma cerca e ricerca con quello schifo di pile, alla fine un buco si trovò. Farci passare Massimo fu un'impresa: centoventi chili schiacciati in trenta centimetri. Un capolavoro.

Si scoprí che gli artieri di Agnano a quell'ora dormono, ma i cani no. Non potevamo prendere una via diretta, tagliare per l'interno, perché avrebbero fatto una caciara indescrivibile. E cosí percorremmo tutta la pista, tutta la curva, acquattati come pontieri o guastatori, anche se non serviva a niente, perché non c'era anima viva.

Una volta al palo d'arrivo tagliammo per la sabbia fino allo steccato interno.

E fu proprio lí, dall'altra parte del rettilineo, che spuntò l'anima viva.

Ci puntò addosso la sua pila, che era una cosa un po' piú seria della nostra, e urlò:

– Chi site? Che vulite?

Io e Massimo eravamo ancora carponi, perché quando si entra in una parte non se ne esce piú.

– Aggio ditto a vuje, chi site, che vulite?

Siccome la nostra era ormai una pantomima militare, decisi di alzare le mani e di camminare lentamente verso di lui perché me lo aspettavo in divisa blu, bottoni dorati e pistola in mano, e mentre avanzavo lanciavo messaggi di pace per rassicurarlo, dicendo a Massimo di fare lo stesso. Massimo non si era mosso di un metro, era rimasto dietro un palo, secondo lui nascosto, in realtà gli usciva fuori la pancia di un metro buono.

L'uomo di fronte a me non aveva pistole e nemmeno la giacca blu coi bottoni dorati, solo una canottiera dignitosa con i Pooh appiccicati sopra, un paio di calzoni zumpafuosso e – segno distintivo – un berretto da guardamacchine in testa. Qui bisogna precisare. I berretti da guardamacchine a Napoli sono multiuso. Ogni persona è quel che il cappello dice che è. E quindi se te lo metti fuori del portone sei un portinaio, se lo metti in tram un bigliettaio, per strada un ausiliare del traffico, nei garage un aiuto autista. E naturalmente nei posteggi un posteggiatore.

– Non vi preoccupate, – gli dissi sorridendo, – sono il figlio del conte Crollalanza (mai esistito), il proprietario di Nick mano fredda (che era un film), scusate il disturbo, ma si tratta di una cosa della massima importanza. Permettete? – E scavalcai lo steccato.

Abbassò la pila e ora lo vedevo bene: forse aveva piú paura lui di noi.
- Siete il guardiano? - sparai grosso, che era un po' come dare del colonnello a un caporale.
- Guardiano, sí, anzi no, come se lo fossi, insomma vigilo.
- Avventizio?
- Che dicite?
- Siete abusivo?
- Volontario.
- Ah, - gustai a pieno la sottile variante semantica. - Voi non dovete preoccuparvi, come vi chiamate?
- Ciro.
- Ecco, Ciro, siamo qui a cercare un oggetto che oggi il conte ha perso sotto la tribuna.
- Un oggetto? Quale oggetto? - e gli scattò negli occhi un lampo che ben conoscevo. Non si deve mai nominare un oggetto a un avventizio.
- 'N aniello? Nu portafoglio? Nu libretto 'e risparmio? Aggio cercato dduje ore dint'a 'stu burdello, ma nun aggio truvato niente, manco 'na marlboro.
- No, non si tratta di una cosa cosí, è... è un biglietto.
- 'Nu biglietto? Ma vuje vulite pazzià! Cà sta chino 'e biglietti! E addò 'o vulite truvà?
Eh già, dove cazzo volevo trovarlo? Mi guardai intorno e mi prese lo sconforto.
Ma Ciro incalzava:
- Ma tanto che è importante? Che è, 'na lettera dd'ammore?
- No, no, - e intanto pensavo: «'Sto Ciro ha rovistato tutta la sera tra i rifiuti per cercare qualcosa che valesse la pena e niente. E adesso gli capita quest'occasione». Lo squadrai. Aveva forse sui quarant'anni o giú di lí ma ne

dimostrava il doppio, però, niente da dire, pulito, sbarbato, scarpe in ordine. Era un pezzente che studiava da signore. E non mi andò di deluderlo. Io ero il suo asso di bastoni dal mazzo di tressette, e lui l'aveva capito eccome. I napoletani non costringono, chiedono. Non ricattano, patteggiano. Non insistono, resistono.

– È un biglietto vincente che il conte ha perduto. Se mi aiutate a cercarlo ce ne sarà anche per voi.

– 'Nu biglietto vincente? Frisca ll'anima 'e tutti i muorti, e addò l'ha perduto, 'o sapite vuje? Accà? Allà? Dint'o bar? Ca llà sta chiuso e nun putimmo trasí...

– Sí, so piú o meno dove può essere, se c'è, perché il conte è un gran distratto e può anche non averlo mai giocato.

Un brutto colpo per l'entusiasmo di Ciro.

– Ah, nun sapimmo manco si ce sta. E cumme facimmo?

– Noi ci proviamo. Avete per caso un'altra pila?

– 'Na luce? Sí, sí, – e si voltò a gridare: – Pascà. Viene cca, viene che 'a cosa è grossa, curre!

E dall'ombra venne fuori una figura alta, dinoccolata, interamente vestita di nero, che ci raggiunse a passi lenti e cadenzati. Aveva un libro in mano. Si fermò, si levò gli occhiali, non una parola.

– Un altro guardiano? – chiesi. – Un vice?

– No, lui è Pascale, è filosofo, studia per la terza media, tene 'na capa accussí. Fai veré oo signore che stai leggenno.

– I pensieri di Pascal, – rispose, – ma nun song'io, – si sentí di chiarire, avessimo mai equivocato.

– Pascà, – lo aggredí Ciro, – t'aggio ritto e nun t'addobbà sempe 'e niro! Pari nu prevete! – Lo mise al corrente di tutto e sbottò: – 'O fatto è che manco sapimmo se ce sta 'stu biglietto! – Nel frattempo ci aveva raggiunti Massimo, che almeno aveva ricaricato la torcia con due batterie di riserva.

– Che ci sta o non ci sta non fa niente, – se ne uscí finalmente Pascale, – nun avimme cercà chello che già ci sta, – e poi in perfetto italiano: – si cerca quello che potrebbe non esserci.

– Visto, visto 'o filosofo? – saltò su Ciro strizzandomi il braccio.

La situazione aveva del surreale. Ero ad Agnano alle due di notte con Massimo ubriaco di limoncello, un finto aiuto guardiano che rimestava tra i rifiuti e un aiuto finto guardiano che leggeva Pascal al buio, un mare di scommesse disseminate per diecimila metri quadrati, un padre pazzo, un sonno della Madonna.

Ci voleva un piano e un'organizzazione. Tenemmo un consiglio di guerra.

– Dunque, – esordii, – il luogo piú o meno è circoscritto: quell'area là sotto che porta alla tribuna secondaria. E questo è chiaro. Il biglietto? Il biglietto lo riconosciamo da due particolari. Quelli dei bookmakers non contano. Fra quelli del totalizzatore i vincenti sono verdi, i piazzati rosa, e quindi scartare. Le accoppiate sono in bianco, e qui l'affare si complica perché una duplice accoppiata non è che un'accoppiata vincente riportata su un'altra corsa. Cioè, se il conte ha giocato due cavalli alla quinta corsa e ha vinto, poi quegli stessi numeri ce li dobbiamo tenere buoni per una corsa successiva. Purtroppo il conte non gioca mai una sola combinazione, ma venti o trenta, però, però c'è una buona notizia: lui non butta via semplicemente i biglietti perdenti ma li stropiccia, li arrotola, ne fa palline, e quindi dobbiamo cercare dove ci sono parecchie palline bianche una vicina all'altra.

E ci voleva tanto? Finita la tirata mi congratulai con me stesso. Avevo ristretto le possibilità di molto. Massimo sorrise, Ciro cominciò a ballare e Pascà sentenziò: – I biglietti perdenti sono sempre i piú belli, – ma nessuno capí cosa c'entrasse quella considerazione in quel momento.

Certo che lo trovammo. Era lí, in mezzo a dieci pallottole bianche sotto il terzo gradino della scala laterale sinistra della tribuna secondaria, dieci metri dopo la toilette.

Fu Massimo a trovarlo. Le pile ormai stavano tirando gli ultimi e tutte le luci del lato scuderie si erano spente. Un attimo, solo un attimo prima si era scaricato un fulmine, poi il tuono. Massimo arrivò che non stava nella pelle, non era sicuro, credeva di aver visto giusto. Accorsero Ciro e Pascale, i piú frenetici nella ricerca. Facemmo capannello intorno all'ultimo filo di luce che ci era rimasto. Scartocciai e distesi il foglietto, lessi data e corsa e, inconfondibilmente al centro, belli come scritti sui cancelli del Paradiso, spiccavano due numeri: sette e dodici, e cioè Citrullo e Vailesto.

Sulla via del ritorno, che era già l'alba, dissi a Massimo:
– Andiamo a berci il caffè a Bagnoli. Non ho piú sonno, ho voglia di vedere il mare.

E lí sul mare, con Procida che spuntava da destra e Nisida, per qualche attimo mi rividi bambino e ricordai che proprio a Procida Aldo mi aveva insegnato a nuotare, buttandomi in acqua e gridandomi: «Arrangiati» nella baia della Chiaiolella. E capii che non era solo lui a volere conferme, non era quello il gioco. Ero io che volevo che me lo chiedesse, perché noi Vecchioni siamo fatti cosí e viviamo dei contrari, perché è l'amore della nostra specie di contorto amore.

Poteva mandarmi in capo al mondo a cercargli il Graal o la pietra filosofale e l'avrei fatto, perché, come aveva det-

to Pascale, «i biglietti perdenti sono sempre i piú belli».
Non potevo vivere senza che Aldo mi chiedesse di farlo.

Quando entrammo in casa, Aldo e Arturo stavano litigando a pizzichino e quasi non ci videro. Poi a un tratto Aldo alzò la testa e mi guardò:
– L'hai trovato?
– No, – risposi.
– Non fa niente, non è per questo che ti ho mandato là.
– 'O ssaccio, – sorrisi e fui ancora una volta felice.

per Arrigo

Figlio chi t'insegnerà le stelle
se da questa nave non potrai vederle?
Chi t'indicherà le luci dalla riva?
Figlio, quante volte non si arriva!
Chi t'insegnerà a guardare il cielo
fino a rimanere senza respiro?
A guardare un quadro per ore e ore
fino a avere i brividi dentro il cuore?
Che al di là del torto e la ragione
contano soltanto le persone?
Che non basta premere un bottone
per un'emozione?
Figlio, figlio, figlio,
disperato giglio, giglio, giglio
luce di purissimo smeriglio,
corro nel tuo cuore e non ti piglio,
dimmi dove ti assomiglio
figlio, figlio, figlio
soffocato giglio, giglio, giglio,
figlio della rabbia e dell'imbroglio,
figlio della noia e lo sbadiglio,
disperato figlio, figlio, figlio.

Figlio chi si è preso il tuo domani?
Quelli che hanno il mondo nelle mani.

Figlio, chi ha cambiato il tuo sorriso?
Quelli che oggi vanno in paradiso.
Chi ti ha messo questo freddo in cuore?
Una madre col suo poco amore.
Chi l'ha mantenuto questo freddo in cuore?
Una madre col suo troppo amore.
Figlio, chi ti ha tolto il sentimento?
Non so di che parli, non lo sento.
Cosa sta passando per la tua mente?
Che non credo a niente.
Figlio, figlio, figlio,
disperato giglio, giglio, giglio
luce di purissimo smeriglio,
corro nel tuo cuore e non ti piglio
dimmi dove ti assomiglio
figlio, figlio, figlio
spaventato giglio, giglio, giglio,
figlio della rabbia e dell'imbroglio,
figlio della noia e lo sbadiglio,
disperato figlio, figlio, figlio.

Figlio, qui la notte è molto scura,
non sei mica il primo ad aver paura;
non sei mica il solo a nuotare sotto
tutt'e due ci abbiamo il culo rotto:
non ci sono regole molto chiare,
tiro quasi sempre ad indovinare;
figlio, questo nodo ci lega al mondo
devo dirti no e tu andarmi contro,
tu che hai l'infinito nella mano
io che rendo nobile il primo piano;
figlio so che devi colpirmi a morte
e colpire forte.

Figlio, figlio, figlio,
disperato giglio, giglio, giglio,
luce di purissimo smeriglio,
corro nel tuo cuore e non ti piglio,
dimmi dove ti assomiglio
figlio, figlio, figlio,
calpestato giglio, giglio, giglio,
figlio della rabbia e dell'imbroglio,
figlio della noia e lo sbadiglio,
adorato figlio, figlio, figlio.
Dimmi, dimmi, dimmi
cosa ne sarà di te?
Dimmi, dimmi, dimmi
cosa ne sarà di te?
Dimmi cosa, dimmi
cosa ne sarà di me?

(*Figlio figlio figlio*, 2002)

Il biliardo di Chomsky

– Sono innamorato di mia sorella, non so piú dove sbattere la testa.
– Oh, Limonta, ma mi stai prendendo per il culo?
– No, no, prof, è cosí, sono innamorato di mia sorella...
– Ma innamorato come?
– Eh, come. Da non capirci piú niente. Mi è sempre piaciuta, fin da quando eravamo piccoli, ma adesso...
– Fermo, fermo. Ma lei lo sa?
– Anche lei è innamorata, prof: lo vedo da tante cose.
– Ma Limonta, cosa dici?
– Dico la verità, prof, lei è la mia ultima spiaggia... E non mi consigli uno psicologo. Il mio primo psicologo ha registrato trenta cassette della mia vita ed era lí lí per pubblicarle. Il secondo giocava a minigolf mentre parlavo. Il terzo...
– Bisognerà dirlo ai tuoi, Limonta, e subito. Se vuoi lo faccio io, li chiamo e...
– Manco per il cazzo, prof: i miei sono due fottutissimi stronzi, non ci parliamo da mesi. Chiunque ma non i miei: deve giurarmelo, mi giuri che non glielo dirà mai!
– Ma, Limonta, io non posso...
– La prego, prof, me lo giuri...
– Ma loro non se ne sono accorti?
– Figurarsi! E quando mai ci sono? Papà fa il dentista quattordici ore al giorno e mia madre, beh, lasciamo-

la proprio perdere, mia madre. Manco sa che io e Alice quest'anno abbiamo la maturità, pensa che siamo ancora alle medie...! No, i miei no, lo giuri!

E glielo giurai, da sconsiderato ovviamente, per pentirmene un minuto dopo, ma ormai il guaio era fatto.

La sera lo dissi a Daria.

– Limonta è innamorato di sua sorella.
– E chi è Limonta?
– Un mio studente di terza. È disperato.
– Devi dirlo ai suoi, devi dirglielo subito.
– Non posso, ho giurato.
– Giurato cosa?
– Di non dirglielo. L'ho giurato al ragazzo.
– Sei un coglione.

Cosa che peraltro già sapevo da me, ma una conferma aiuta.

Il mattino dopo presi un treno per Roma perché alla Sapienza c'era Chomsky[1] di passaggio, e niente e nessuno al mondo mi avrebbe potuto impedire di conoscerlo di persona. A quell'epoca, alla Sapienza di via Salaria, tenevo un corso di cultura della comunicazione e avevo tutte le carte in regola per incontrarlo e parlargli, fargli almeno una delle mille domande che mi giravano per la testa.

Me lo presentò Marzolini, il preside. Chomsky assomigliava tremendamente a Prodi, faccia bonaria, modi rilassati, niente cravatta ma in compenso un ombrello al braccio, anche se c'era un sole da prendersi un colpo, e un impermeabile nocciola che tenne addosso tutto il tempo, pure quando andò al cesso. Parlargli manco a pensarci. Finí che,

---

[1] Noam Chomsky (1928) è considerato il padre della linguistica moderna e attualmente è professore emerito al Massachusetts Institute of Technology.

come se lui non ci fosse, ci mettemmo a discutere di lui io e Marzolini, quasi fosse un lontano parente misteriosamente scomparso in Africa. Negli intervalli Marzolini dialogava col suo schnauzer, che sembrava interessato alla cosa.

La situazione cominciava a farsi imbarazzante, perché dopo un bel po' di vaniloqui sul linguaggio, la sua nascita, le scoperte inverosimili di quello lí con l'impermeabile, e di «io credo che», «io invece dico che», senza conferme o smentite, la conversazione slittò sulle nostre mogli, ché anche Korky, lo schnauzer, teneva consorte.

A quel punto Chomsky, che probabilmente non ne poteva piú e non capiva una parola d'italiano, si alzò e ci disse, naturalmente in inglese:

– Usciamo? Avrei voglia di un tè in un bel bar.

Dei bar di via Salaria non gliene andava nessuno. Ci passava davanti, ficcava la testa dentro e diceva no.

Dopo una buona mezz'ora trovò quello buono, e allora capii cosa stava cercando.

– Lei, – mi disse palleggiando l'ombrello, – sa giocare a biliardo?

– Sí, – mentii spudoratamente, ma pur di stare con lui gli avrei anche detto che sapevo pilotare un DC-9.

Saggiò un buon numero di stecche prima di decidersi, trovò quelle giuste e sfregò il gesso sulla punta.

Al mio secondo tiro (lui aveva appena concluso un tre sponde e birilli) mi guardò sorridendo:

– Lei non sa giocare, vero?

– Vero, ma non è per questo che...

Posò la stecca e, miracolosamente, anche l'ombrello, che aveva tenuto al braccio giocando. E finalmente parlò.

– Vede questo biliardo, professore? Lei forse potrà credere che lui se ne stia lí, inerte, inanimato, ad aspettare i colpi che facciamo, a meravigliarsi ogni volta per come e dove le biglie rimbalzano e per cosa vanno a colpire. Si sbaglia. Questo biliardo ha in sé, senza accorgersene, tutte le variazioni, le combinazioni, le angolazioni, le traiettorie che le biglie possono eseguire, e non, mi segua, perché è stato usato tante volte che prima o poi doveva impararle, lui non aveva niente da imparare. È nato, è stato costruito perché niente d'incalcolabile gli rotolasse sopra. È come se dentro di sé contenesse una rete di migliaia e migliaia di fili che corrispondono a tutte, dico tutte le traiettorie possibili sul tappeto verde, – e sfregò di nuovo il gesso sulla punta. Marzolini intanto pescava distrattamente da un mazzo rimasto su un tavolino, e da lí sembrava che giocasse a carte con lo schnauzer.

– Uno potrebbe chiedersi: «Ma come fa un tavolo di legno a conoscere cosa corre, cosa sbatte, cosa finisce in buca?» Beh, lui in termini stretti non sa un bel niente. Ma è il suo piano che è già disposto a ricevere quelle cose che gli fanno scorrere sopra; e se il piano fosse una discesa o le biglie fossero tartufi mancherebbero le premesse...

Non avevo la minima idea di dove volesse andare a parare. Sospettavo fosse un apologo per dimostrarmi che ero un giocatore di merda. Rimpiansi di non essere restato dov'ero a parlare di mia moglie. Marzolini intanto aveva una faccia sconsolata, forse il cane stava giocando meglio di lui.

– Ecco, ora pensi a questo biliardo come a un bambino, – e tacque.

«Ce lo siamo giocati, – pensai, – ci siamo giocati Chomsky. Forse sono i postumi di un esaurimento. Dovevo capirlo dall'impermeabile e dall'ombrello...»

– Il biliardo è fatto perché una biglia ne colpisca un'altra, che corre, rimbalza e finisce, scelga lei, sui birilli, in buca. Il biliardo non le permette altro, alla biglia: né di volare, né di frantumarsi, illuminarsi o diventare all'improvviso quadrata, perché ha quei fili dentro, ricorda? Una biglia dà il via a un'azione, l'altra la trasmette, la «predica» diciamo, le sponde sono accessori, «complementi» diciamo, e il bersaglio, scelga lei, buca, birilli, pallino, è l'«oggetto»: il bambino ha già dentro di sé dalla nascita la consapevolezza che qualcosa fa qualcos'altro, che esiste insomma un responsabile, un soggetto, e un suo modificare l'inerzia, un verbo. E infine c'è chi riceve questo pacco postale. Un complemento oggetto, – rifiatò. – Il bambino è predisposto a sapere chi fa cosa. Non siamo noi a dovergli insegnare la logica, come si è pensato per tanto tempo, lui ha ben chiaro il meccanismo e al massimo noi glielo riempiamo di termini, di parole...

E si tolse pure l'impermeabile che era ora.

– Ma come... – bofonchiai. Lui non mi lasciò nemmeno completare la frase.

– Ha mai visto un bambino farsi male? Che so pungersi, sbattere contro una porta? Se non possedesse dentro di sé una sintassi non potrebbe incolpare l'ago o l'uscio. Lui pensa: la porta (soggetto), fatto male (verbo), io Gigino (oggetto-terminal). Poco gli importa se la porta o l'ago l'abbiano fatto apposta: la volontà è ininfluente, anzi, mi correggo, tutto ha una volontà, una porta è animata quanto un padre che dà uno schiaffo.

Volevo dire qualcosa, ma era impossibile, lui era un torrente in piena.

– C'è di piú, esistono un mare di relazioni palla-palla-pallino e cioè soggetto-verbo-oggetto. Elementari, elaborate, e infine le piú rare, quelle geniali. La comunicazione quotidiana è fatta di colpi base, di quelli che si tentano sempre, i piú facili. Ma sono i colpi imprevedibili, cercati e trovati come in una sfida, quelli all'origine della creatività. Però attenzione, qualsiasi colpo inverosimile, irripetibile, all'apparenza magico, per quanto lasci a bocca aperta e faccia pensare a un miracolo, anche quello è già nel biliardo, nascosto, segreto, introvabile, ma c'è. Qualsiasi creatività umana ha precedenti, trasforma, non inventa. È una creatività regolata –. Forse ne aveva abbastanza, del biliardo e di me. Tirò su impermeabile e ombrello, finí il suo tè e mi fece cenno di uscire.

Quell'ultima considerazione mi aveva lasciato un bel po' di amaro in bocca. Creatività regolata, «governed creativity», aveva detto. Il che escludeva la possibilità che dalla mente, dal cuore, dalla fantasia, venisse fuori qualcosa di assolutamente diverso, nuovo, non previsto. E Van Gogh, allora? Einstein? Bill Gates? Cosí gli chiesi a bruciapelo:

– Mai? Nessuna eccezione?

– Oh sí che si crea, ma lo scenario cambia.

– E come?

– Bisogna mettere un altro biliardo sotto il primo e aprirgli delle buche a caso. Allora sí, è vero, non possiamo prevedere dove andranno a finire le biglie che ci cascano dentro, che cadono nel tappeto di sotto. Cozzeranno tra loro come gli capita, come a logica non dovrebbero, cosí in apparenza estranee l'una all'altra. È la bisociazione...

– Come una sinestesia? – azzardai, aggrappato all'esempino striminzito che avevo in testa, il «silenzio verde» che vuol dire prato, pianura.

– No, quella è tra due parole. La bisociazione è tra due concetti a formarne un terzo che coi primi due non c'entra affatto. Ad esempio «Metti un tigre nel motore». Questa è la creatività capace di cambiare le regole, la «changing creativity».

Come conoscesse «Metti un tigre nel motore» sto chiedendomelo ancora adesso.

– Oppure, – intervenne dal nulla Marzolini, – il pastore che torna a casa dalla moglie con una pecora sottobrac-

cio e borbotta: «Vedi con chi devo fare l'amore quando tu hai mal di testa?» È la moglie: «Con una pecora?» E lui: «Non stavo parlando con te».
– Non arriverei a tanto. Basta l'uomo che entra in un bar col cavallo e ordina due birre. Il cameriere li serve e commenta: «Qui dentro non si era mai visto un cavallo». E il cavallo: «E non ne vedrete mai piú coi prezzi che fate». È l'inaspettato, il sorprendente, che genera l'unica grande creatività.

E mentre io pensavo che Chomsky aveva salvato in corner la libertà della mente, la cittadinanza del fantastico e persino il mistero delle emozioni, lo schnauzer di Marzolini digrignò leggermente i denti. Stava ridendo? E se sí, per quale delle due battute?

Ma nel vagone-letto che mi riportava a Milano, per essere a scuola alle otto, Chomsky sparí dalla mia mente e mi riassalí l'incubo di Limonta e dei suoi disgraziati ormoni in subbuglio. Me lo vedevo rigirarsi continuamente nel letto, sentirsi da schifo perché lei era uscita con qualcuno, e lui lí a chiedersi dove saranno, cosa faranno, mentre io son qui come un cretino. E vagliavo, trovavo, scartavo ora questa ora quell'ipotesi e intanto le stazioni passavano e il treno faceva taranturentaran e di dormire manco a parlarne.

Gli sarebbe passata? E come? Con un'altra ragazza? E quale? Nessuna poteva competere con lei.

Chiamare Alice e parlarle di persona, tentare di farle capire? Capire cosa? Lasciando da parte Dio e i suoi comandamenti – ché certo «Non guardare tua sorella con occhi impuri» è compreso nel piú generico «Non commettere atti impuri» – anche Claude Lévi-Strauss, per dire, nelle *Strutture elementari della parentela*, chiarisce che la proibizione dell'incesto è la costante universale che segna il passaggio dal puro stato di natura a una società umana... roba da meritarmi uno schiaffo.

Prima di Bologna ero cosí avvilito che per un attimo ventilai persino la soluzione radicale: e proviamolo questo incesto! Ma mi pentii subito di averlo anche solo pensato.

Però in tutto quel cercare e cercare avvertivo come una stranezza, un'ombra, qualcosa di sentito che non riuscivo a focalizzare, perso nella memoria, un particolare captato tra coscienza e incoscienza. E da Piacenza a Lambrate cercai di afferrarlo, ma non ci riuscii. E meno ci riuscivo, piú mi rendevo conto che doveva essere importante, anzi, determinante. Cosí, per uno di quei salti che fa la mente e non ti spieghi, a Lambrate intuii che quel biliardo di Chomsky, quello di sotto, definiva l'amore. Due biglie che cadon da un altro biliardo, quello di tutti i giorni, e per caso s'incontrano e incontrandosi fanno il gioco, un altro gioco che non c'era prima. L'amore, come una forma di creatività che modifica le regole.

Alle sette bussò il capotreno ed entrò col caffè. Era passato sí e no un minuto che eccoti il suo vice con un altro caffè. Nella confusione della sera prima, l'avevo chiesto a tutti e due.

E fu allora, in un lampo, che afferrai quella cosa che mi danzava nella memoria e che avevo dimenticato. Due caffè. Due caffè nello stesso momento.

– Limonta, dimmi un po', ma Alice è tua sorella gemella?
– No, prof.
– È tua sorellastra? Ha perso un anno a scuola? È avanti di un anno?
– No no, prof, niente di...

– E allora Limonta, per amor di Dio, mi spieghi perché dovete fare la maturità tutt'e due lo stesso anno?

– Mia sorella è adottata.

L'avrei ammazzato lí sull'istante con una .44 Magnum, cinque colpi dritti in pancia, sangue dappertutto, bidelli che accorrono con secchi e spugne, a pulire prima ancora che a soccorrerlo.

– Limonta, sei un coglione. Mi hai fatto passare un'intera notte a occhi sbarrati su un treno che fermava ovunque manco fosse un tram, ad arrovellarmi, compiangerti, cercare soluzioni che manco una ce n'era, per scendere, correre al liceo col cuore in gola, spiegarvi *Le rane* di Aristofane che fanno *brekekekèx koàx koàx* in greco, che è l'unica cosa che sai tradurre, per sentirmi dire da te tonno tonno che tua sorella non è veramente tua sorella? E non poteva venirti in mente ieri, subito, che ho preso del coglione anche da mia moglie e di sfroso mi sono goduto un colloquio con Chomsky che lo aspettavo da una vita, lui e i suoi fili nel biliardo, come se di pazzi non ce ne fossero in giro abbastanza? Ascoltami bene, Limonta, e non permetterti di fiatare. Tu adesso prendi su i tuoi libri, esci da questa scuola, t'infili in quel catorcio di Cinquecento che hai e vai dritto sotto il liceo di Alice. Quando esce non darle nemmeno il tempo di parlare, tirala per un braccio e falla sedere, poi baciala, senza nemmeno salutarla baciala. Scappa che manca poco, sta uscendo, poi non la becchi piú.

Non se lo fece dire due volte. Non ebbi il tempo di aggiungere «Vai!» che era un razzo con la sacca penzolante a far di slalom tra studenti e bidelli impietriti, nel corridoio. Nessuno cercò di fermarlo. Nessuno l'avrebbe mai fermato.

Poco tempo fa si sono sposati, che mi è sembrato un po' voler strafare. Io mi figuravo le biglie di Chomsky venir giú dal suo farneticante biliardo e scendere nell'altro dove ci sono altre regole, regole che nessuno aveva previsto.

per Carolina

*In fondo lo sapevo già
dal primo istante che l'ho vista,
dalla felicità,
perché la vita è un grande artista:
metti via un sorriso,
un piccolo sorriso al giorno.
Tienili, – dicevo, –
conservali per quando torno;
lo sapevo già dal cuore in gola,
a sentir la sua prima parola,
a vederla su una corda al vento
traballare dentro un cielo spento;
lettera d'amore,
alba che non ha un tramonto,
ma è un tramonto all'alba
di due colori che confondo.*

*Ce l'ho avuto sempre addosso
questo lungo addio,
questo lasciarla indietro
e non lasciarla mai;
un'altalena a dondolare
come un pendolo,
tra quei due attimi*

*che siamo io e lei:
imitavamo Dylan Dog
o parlavamo di Marx ed Hegel.*

*Quanto può mancare
una voce in una stanza,
tutto quel dolore
perché qualcuno non ti pensa;
e l'amore che piú mi assomiglia
è un messaggio dentro una bottiglia,
il finale atteso di una veglia,
questo tutto mio passar di foglia;
e lo so da quando
sua madre l'ha tenuta in mano
che pesava un niente,
un ninnolo sí e no di grano:*

*Ce l'ho avuto sempre addosso
questo lungo addio,
questo lasciarla indietro
e non lasciarla mai,
un'altalena a dondolare
come un pendolo
tra quei due attimi
che siamo io e lei;
e riderò, perché in quel giorno
tutti ridono,
e tutti bevono
e nessuno sa chi è;
ci sarà un mare di confetti
sopra il tavolo
e una discreta nostalgia
dentro di me però*

*io lo sapevo
che saresti venuto tu
un giorno a prenderla.*

*Mamma, tata bosco
tanto bene, non c'è l'olco
ninna nanna stella, dormi dormi, bimba bella
tanto bene non c'è l'olco
bacio mamma tata bosco
chiudi gli occhi piano piano,
dormi, noi non ce ne andiamo.*

(Un lungo addio, 2011, scritta con Daria)

Che c'eri sempre

Che c'eri quando tornavo o non tornavo e mi leggevi negli occhi se avevo bevuto, cantato, fatto l'amore o girato per Milano da solo di notte, e aspettavi l'alba per dirmi niente, o forse soltanto «Dove?» E ti rispondevo: «La nebbia, com'è bello sapere che non si sa dove si è, com'è bella Milano».
Che c'eri quando hai sopportato il mio morbillo, e con trentanove di febbre recitavo *La cavalla storna* in delirio.
Che c'eri quando mi scoprivi a studiare di notte e «Adesso basta, niní», t'infuriavi e buttavi via i libri, e il giorno dopo me li facevi trovare ricoperti.
Che c'eri quando una ragazza o una ferita, un sorriso come un lampo o una nuvola nera stavano attraversandomi la vita.
E in quell'incidente tremendo che io non capivo perché, «Ma è solo un colpo lí», ridevo; e tu fingevi: «Passerà, niní, è un momento».
Che c'eri a ricopiarmi la tesi, a mettermi una chitarra in mano, a tenere nascosti in un cassetto i miei temi; che c'eri a raccontarmi un'infanzia, quando volevo uccidere Sergio in culla con un nocciolo in gola.
Che c'eri a rifletterti, e chi vuoi che lo sappia, in me, per tutto quello che non avevi mai avuto e potevi, dovevi essere. Perché ovunque, comunque, in qualsiasi discussione, negozianti, amici, parenti, inesorabilmente finivi a parlare di me.

Che c'eri quando non c'era la paura.

Che c'eri sempre, anche quando non dovevi esserci, anche quando sei entrata per caso a innaffiare i fiori (che stavano benissimo) mentre baciavo una ragazza.

Che c'eri sempre a ogni mio Natale, a ogni smisurata incoscienza, a ogni amore svanito in profumo, a ogni mia scatola di giochi, solitudine di cui conoscevi le stelle. Ché tutto questo vento d'immagini e sogni mi viene dal tuo avermi insegnato dolcezza di vivere ed essere buoni, e perfino a dire le preghiere che mi sembravano ridicole allora, inutili suoni.

Che c'eri sempre a buttarla sul ridere per ogni presunto dolore.

Sempre a chiudere la porta e aprire le finestre.

Sempre a dirmi: «Non dormi? Immagina, inventa, raccontati storie».

E c'eri sempre anche quando ti scoprivo a piangere la sera e mi dicevi: «È niente, niní, forse è amore». Che se ne va. Perché una volta l'hai sognato quell'uomo e lui ha sognato te.

E c'eri alla prima figlia, alla seconda, all'ultimo.

E a ogni pianto.

C'eri a ogni prima stentata canzone.

C'eri alla malinconia e me la lasciavi senza dirmi niente, senza interferire.

C'eri alla cima del monte, all'acqua del mare, all'aprirsi del cielo.

E c'eri sempre anche quando non erano fatti tuoi, che non t'andava mai bene niente, e in tutta onestà un bel po' di volte mi hai pure rotto, dolcemente, i coglioni.

Ma che c'eri sempre.

È che io, *io* non c'ero, quando te ne sei andata.

Precisazioni.

La vicenda di Mohammed el-Magrebi riportata in *E-mail* è una mia libera rielaborazione della *Storia dei due che sognarono* contenuta nel *Libro di sogni* di Jorge Luis Borges (Adelphi, Milano 2015).

Le sceneggiate descritte ne *La Casa* insieme a Carlo Petrini avvenivano in realtà nel dopo-Tenco di Sanremo.

Per *Frammento 94* ho un debito con Bruno Gentili.

Va da sé: non è mai esistito al liceo Beccaria un professore di nome Emilio Rattazzi. La vicenda però ha un fondo di verità fino al momento della sua follia. Da lí in poi viaggio assolutamente di fantasia.

In *Come fare a pezzi il destino* non descrivo nessuna irregolarità mai verificatasi nel corso di quegli esami. Io ho dato il la, ma tutta la commissione si è trovata unanime nell'aiutare lo studente senza infrangere alcuna norma.

Il drammatico amore di Andrea Jori è mutuato da un'altra vicenda simile in un altro tempo.

Il racconto del mito di Orfeo segue a modo suo l'interpretazione di Cesare Pavese nei *Dialoghi con Leucò*.

La barzelletta di Dio: la conferenza descritta non è mai stata tenuta per Gianfranco Ravasi, pure mio amico, ma in un'altra occasione.

Per il dialetto di *Duplice accoppiata*, un grazie a Diego De Silva.

Ovviamente, pur avendolo conosciuto, non ho mai giocato a biliardo con Chomsky.

Crediti delle canzoni.

Le rose blu
Testo e Musica: Roberto Vecchioni
© EMI Music Publishing Italia Srl/Lilliput Srl

Quest'uomo
Testo e Musica: Roberto Vecchioni
© EMI Music Publishing Italia Srl/Lilliput Srl

Figlia
Testo e Musica: Roberto Vecchioni
© 1976 by Warner Chapell Music Italiana Srl, piazza della Repubblica 14/16, 20124 Milano

La mia stanza
Testo e Musica: Roberto Vecchioni
© EMI Music Publishing Italia Srl/Lilliput Srl / Macu' Edizioni Musicali Sas

Canzone da lontano
© 1976 by Warner Chapell Music Italiana Srl, piazza della Repubblica 14/16, 20124 Milano

Piccolo pisello (a Ghigo)
Testo e Musica: Roberto Vecchioni
© EMI Music Publishing Italia Srl/Lilliput Srl

Figlio figlio figlio
Testo e Musica: Roberto Vecchioni
© EMI Music Publishing Italia Srl/Lilliput Srl / Macu' Edizioni Musicali Sas

Un lungo addio
Testo e Musica: Roberto Vecchioni, Daria Colombo, Claudio Guidetti
© EMI Music Publishing Italia Srl/Lilliput Srl

Indice

p. 3	E-mail
	Le rose blu
11	Vostra madre
15	La Casa
	Quest'uomo
41	Il tempo verticale
	Figlia
47	Mi ritorni in mente
	La mia stanza
55	Frammento 94
77	Io sono nelle parole
81	Two meglio che one
93	Come fare a pezzi il destino
	Canzone da lontano
109	La barzelletta di Dio
	Piccolo pisello
121	Duplice accoppiata
	Figlio figlio figlio
143	Il biliardo di Chomsky
	Un lungo addio
157	Che c'eri sempre
159	*Precisazioni*
160	*Crediti delle canzoni*

Stampato per conto della Casa editrice Einaudi
presso ELCOGRAF S.p.A. - Stabilimento di Cles (Tn)
nel mese di marzo 2016

C.L. 23075

Ristampa

0 1 2 3 4 5 6

Anno

2016 2017 2018 2019